PASSES E RADIAÇÕES

EDGARD ARMOND

PASSES E RADIAÇÕES

MÉTODOS ESPÍRITAS DE CURA

Aliança

Copyright © 1950 *Todos os direitos reservados à Editora Aliança.*
6ª edição, 3ª reimpressão, fevereiro/2025, do 205º ao 210º milheiro

Título
Passes e Radiações

Autor
Edgard Armond

Revisão
Arlete Genari

Diagramação
Sonia M. Silva

Capa
Jaqueline Silva

Ilustrações
Milton Gabbai | Elifas Alves

Fotos
Gazeta & Lois

Impressão
Melting Color Gráfica e Editora Ltda.

Ficha Catalográfica

Dados Internacionais de Catalogação na Publicação (CIP)
— Câmara Brasileira do Livro | SP | Brasil —

Armond, Edgard, 1894-1982.
    Passes e Radiações / Edgard Armond.
São Paulo : Editora Aliança, 2011.

    ISBN: 978-85-8364-073-8 / 160 páginas

    1. Espiritismo 2. Passes (Espiritismo)
    I. Título.

10-05421   CDD-133.901

Índice para catálogo sistemático:

1. Passes e radiações : Doutrina espírita   133.901

Editora Aliança
Rua Major Diogo, 511 - Bela Vista - São Paulo - SP
CEP 01324-001 | Tel.: (11) 2105-2600 | @aliancalivraria
www.editoraalianca.com.br | editora@editoraalianca.com.br

SUMÁRIO

Introdução da 1ª edição 9
Prefácio para 2ª edição 12
Prefácio para 3ª edição 13

PARTE A — TEÓRICA

CAPÍTULO 1
　O SANTUÁRIO DO ESPÍRITO ENCARNADO ... 17
　Constituição e funcionamento – A Célula – Tecidos – Órgãos – Sistemas: Digestório, Respiratório, Circulatório, Excretor, Esquelético, Muscular, Genital, Endócrino, Nervoso

CAPÍTULO 2
　CENTROS DE FORÇA 42
　Formas de Energia – Centros de Força – Funções dos Centros de Força – O Corpo Etéreo – Considerações Gerais – Resumo

CAPÍTULO 3
　REGRAS PARA CONSERVAÇÃO E PUREZA DO CORPO FÍSICO 52
　Conduta Consigo Mesmo – Higiene do Corpo Físico – Alimentação – Repouso – Distrações – Vícios – Defeitos Morais e Paixões

CAPÍTULO 4
　A ENERGIA CÓSMICA 57
　Matéria, Energia, Espírito – Absorção – Constatação

CAPÍTULO 5
    TONALIDADE VIBRATÓRIA DO
    CORPO FÍSICO 61

CAPÍTULO 6
    MEDICAMENTOS E PROCESSOS
    DE CURA 64

CAPÍTULO 7
    MOLÉSTIAS NÃO CURÁVEIS E CURÁVEIS 67

CAPÍTULO 8
    ESTUDO DOS FLUIDOS 70

CAPÍTULO 9
    CLASSIFICAÇÃO DOS PASSES 73
    Passes Materiais (Magnéticos) – Passes
    Espirituais – Passes Individuais – Passes
    Coletivos – Passes Padronizados – Passes Livres

PARTE B — PRÁTICA

CAPÍTULO 10
    O PASSE MAGNÉTICO – Regras Gerais 79

CAPÍTULO 11
    OS TRABALHOS PASTEUR 83

CAPÍTULO 12
    PASTEUR 1 e PASTEUR 2 84

CAPÍTULO 13
    O CHOQUE ANÍMICO 91
    Processo de Desobsessão – Parte Prática
    – Mecanismo

CAPÍTULO 14
    PASTEUR 3-A – Parte Prática 2 98

CAPÍTULO 15
PASTEUR 3-B 100
Parte Prática – Desdobramentos

CAPÍTULO 16
PASTEUR 4 102
Considerações Gerais – Tratamentos – Observações Finais

CAPÍTULO 17
PASSE DE LIMPEZA – Esquema 108

CAPÍTULO 18
AUTOPASSE – Esquema 118

CAPÍTULO 19
REATIVAÇÃO DOS CENTROS DE FORÇA 120
Execução – Método de Reativação

CAPÍTULO 20
PASSES A DISTÂNCIA 126

CAPÍTULO 21
PASSE COLETIVO 127
Organização da Sessão – Funcionamento

CAPÍTULO 22
O SOPRO 128

PARTE C — RADIAÇÕES

CAPÍTULO 23
RADIAÇÕES 131
Radiações Mentais – Radiações Fluídicas – Coração e Mente – Orientações Práticas – Roteiro – Objetivos – Parecer de Bezerra

PARTE D — COMPLEMENTAR

CAPÍTULO 24
    CÂMARA DE PASSES 141

CAPÍTULO 25
    CONTATO COM OS DOENTES 142

CAPÍTULO 26
    ESQUEMA DE FUNCIONAMENTO DO
    TRABALHO DE PASSES 144
    Recepção e Entrevista – Limpeza dos Assistidos – Evangelização – Preparação dos Passistas – Assistência Espiritual – Encerramento – Reunião dos Trabalhadores

CAPÍTULO 27
    SERVIÇO DE PLANTÃO E
    ENCAMINHAMENTO 148

CAPÍTULO 28
    HIGIENE DAS TRANSMISSÕES 149

CAPÍTULO 29
    DIFERENÇA ENTRE MAGNETISMO E
    HIPNOTISMO 152

CAPÍTULO 30
    ÁGUA FLUIDIFICADA 156

CAPÍTULO 31
    ENCERRAMENTO 158

INTRODUÇÃO DA 1ª EDIÇÃO

Os passes, na prática livre, são utilizados pelos espíritas sem a menor preocupação de conhecimento prático ou teórico e, nem por isso, sua aplicação se torna menos útil.

Na quase totalidade desses casos, ela é feita por indivíduos já naturalmente selecionados, indicados para essa tarefa, por possuírem mediunidade curadora ou, muitas vezes, por puro impulso de caridade para com o próximo; para esse trabalho mediúnico não se julgava indispensável, nem mesmo necessário, o conhecimento prévio do assunto, porque quase sempre são os Espíritos desencarnados que agem.

Entretanto, também é certo que se os abnegados obreiros se enfronharem nesses conhecimentos e se adestrarem na sua prática, cientificamente, a eficiência do trabalho aumentará e muito facilitada ficará a tarefa dos benfeitores espirituais que, por meio deles, exemplificam, no seio da humanidade, os ensinamentos de bondade e cooperação preceituados no Evangelho do Cristo, que é a nossa Lei.

Ocorre ainda que há inúmeros confrades de boa vontade que se esforçam por colaborar em todos os sentidos, inclusive em curas, como já dissemos, conquanto nem sempre tenham possibilidades ou vagares para realizar estudos especializados, como os necessários para o conhecimento deste assunto.

Ao escrever, pois, este livro, não temos em mira outra coisa que colocar ao alcance de todos, ainda dos menos aptos a esforços intelectuais, o pequeno rol de conhecimentos indispensáveis a uma prática judiciosa das radiações e dos passes, não só para que esta se torne mais eficiente, como também para que se honre e prestigie, cada vez mais, o conhecimento doutrinário do Espiritismo, que não deve ser negligenciado ou desconhecido em nenhum de seus inúmeros aspectos.

No campo da ciência oficial, os passes magnéticos nunca foram aceitos e sua aplicação vem sendo sempre ridicularizada, mesmo quando realizada por médicos e outros profissionais titulados; por isso, como agente terapêutico, só muito rara e excepcionalmente têm sido eles utilizados, e sua prática é até mesmo considerada transgressão legal, sujeita a penalidades.

É o imposto que ainda se paga à rotina e ao preconceito das coisas do passado.

Entre os espíritas, todavia, o passe é um agente usual de cura, e foi o Espiritismo que promoveu sua reabilitação aos olhos do povo, prestando-lhe desta forma enorme serviço, mormente ao mais humilde e necessitado que, dessa prática, aufere enormes benefícios.

Ao mesmo tempo honrou, assim, o Espiritismo, a memória de todos aqueles que, no campo científico, arrostando com dificuldades de toda sorte, tornaram-se fiadores e pioneiros de sua aplicação: Paracelso e Van Helmont, na Idade Média; na era moderna, Mesmer, Du Potet, Puissegur, Bué, Gauthier, La Fontaine, Deleuse e outros eminentes e devotados investigadores que encarnaram na Terra com essa tarefa e que, apesar de nunca tomados a sério, mas, ao contrário, sempre desprezados pelos corifeus das academias, jamais desanimaram e acabaram por estabelecer fundamentos sólidos ao conhecimento e à prática deste eficiente elemento de cura natural.

Não se ignora que tanto os passes como as radiações são conhecidos desde a Antiguidade, tendo sido corrente a sua prática, se bem que sempre rigorosamente privativa de iniciados e sacerdotes de várias religiões, em santuários fechados.

O próprio Jesus não ensinou a curar por meio de imposição de mãos?

Mas, se não fora o Espiritismo, promovendo sua generalização e demonstrando sua utilidade para a cura de moléstias físicas e psíquicas, sem dúvida que tais agentes seriam hoje meras reminiscências de coisas passadas.

Mas, mesmo entre os espíritas, o conhecimento dos passes é deficiente e muito empírica sua aplicação; há muito arbítrio pessoal e cada um age como entende, muitas vezes provocando resultados contrários aos desejados ou necessários e assim, como é natural, prejudicando a saúde dos doentes.

A não ser nos casos em que os próprios Espíritos, incorporados em médiuns, dão os passes, nota-se uma generalizada ignorância a respeito deste assunto que, pela sua importância e pelas consequências que acarreta, deverá ser tratado com muito mais atenção e interesse.

Para seu conhecimento, repetimos, não há necessidade de estudos prolongados e esforços cansativos sobre tratados massudos e pretensiosos, em que as questões magnéticas e telepáticas vêm expostas com excesso de palavras, no mais das vezes perfeitamente dispensáveis.

A não ser que se trate de investigadores – que nem sempre se aprofundam nos estudos que lhes interessam – quanto aos espíritas, bastará que assimilem os elementos básicos do conhecimento, para não agirem às cegas ou inconscientemente, e os utilizem, de início, com o elevado propósito de se tornarem úteis ao próximo, porque essa prática está ao alcance de todos, mesmo não havendo mediunidade curadora; todos possuem magnetismo animal curativo e sua fonte universal, na criação divina, está sempre acessível; cada homem, cada ser vivo é um centro atrativo dessa força, uma usina capaz de proceder à sua captação, armazenamento e distribuição aos doentes, bastando para isso o desejo sincero e humilde de exercer esse dignificante sacerdócio de caridade evangélica, segundo os ensinamentos d'Aquele que por todos se sacrificou, para salvá-los.

Neste livro, justamente, desejamos fornecer os conhecimentos essenciais para essa realização e isso o fazemos sem pretensão alguma de sabedoria que não possuímos, mas, unicamente, com o intuito de servir.

Desejamos concorrer de alguma forma para que o conhecimento e a prática dos passes e das radiações se generalizem cada vez mais, beneficiando a um número sempre crescente de necessitados; e encerramos este preâmbulo dizendo que o Espiritismo, igualmente como fez em relação à mediunidade, deve colocar esses preciosos elementos de cura no seu devido lugar, prestigiando-os, apontando-lhes os méritos, esclarecendo quanto à sua natureza e popularizando sua aplicação.

São Paulo, março de 1950.

O Autor

PREFÁCIO PARA 2ª EDIÇÃO

No panorama restrito e confinado do movimento espírita em nosso país até as primeiras décadas deste século, avultou o esforço individual de denodados lutadores que difundiam a Doutrina com as desvantagens que advinham das reservas e das hostilidades ambientes.

Mas a organização, em bases avançadas, da Federação Espírita do Estado de São Paulo, a partir de 1940, foi início de uma intensa e ampla reação, destinada a nortear o movimento por caminhos novos e mais amplos, dos recintos fechados para as áreas públicas, impondo-se desassombradamente aos meios culturais e religiosos do país pelo seu devido valor e pelo prestígio que lhe advinha das próprias finalidades sociais e humanitárias.

Este livro pode ser considerado um dos marcos desse período renovador e teve o mérito de promover a reabilitação dos passes magnéticos e espirituais, como elementos auxiliares valiosos que são da assistência espiritual devida ao povo; como, também, de disciplinar e unificar as práticas doutrinárias na Casa, sobretudo os passes, que o arbítrio desordenado e as infiltrações de correntes estranhas levavam muitas vezes ao ridículo, ao descrédito, atentando negativamente contra a seriedade e a eficiência científica desse precioso elemento auxiliar de reequilíbrio material e psíquico.

De outra parte, este é um setor de grande rendimento, que muito ajuda a focalizar a importância das curas espirituais, no seu caráter de Consolador prometido pelo Divino Mestre, para alívio do sofrimento individual, inevitável e generalizado, do homem encarnado neste mundo inferior de expiações e de provas.

São Paulo, 1976.

A Editora

PREFÁCIO PARA 3ª EDIÇÃO

Esta nova edição, primeira após o desencarne do autor, foi realizada com a finalidade de proceder uma revisão dos termos científicos, principalmente da nomenclatura de Anatomia Humana definida pela Federação Internacional das Associações de Anatomistas, na cidade de São Paulo, em agosto de 1997.

Traz uma nova série de fotos, tendo como objetivo contribuir melhor para os fins didáticos aos quais esta obra se propõe, mas mantém naturalmente a posição dos modelos em conformidade com as edições anteriores.

O projeto gráfico foi renovado, para compatibilizar com o conjunto das obras da "Série Edgard Armond", publicadas por esta editora.

Complementarmente a isso, uma equipe de colaboradores da Aliança Espírita Evangélica produziu uma fita de vídeo, baseada neste livro. A fita é uma oportuna realização que permite ainda, aos leitores que a tenham adquirido, acompanhar a dinâmica dos movimentos dos passes e suas aplicações, facilitando o seu entendimento.

São Paulo, julho de 1999.

A Editora

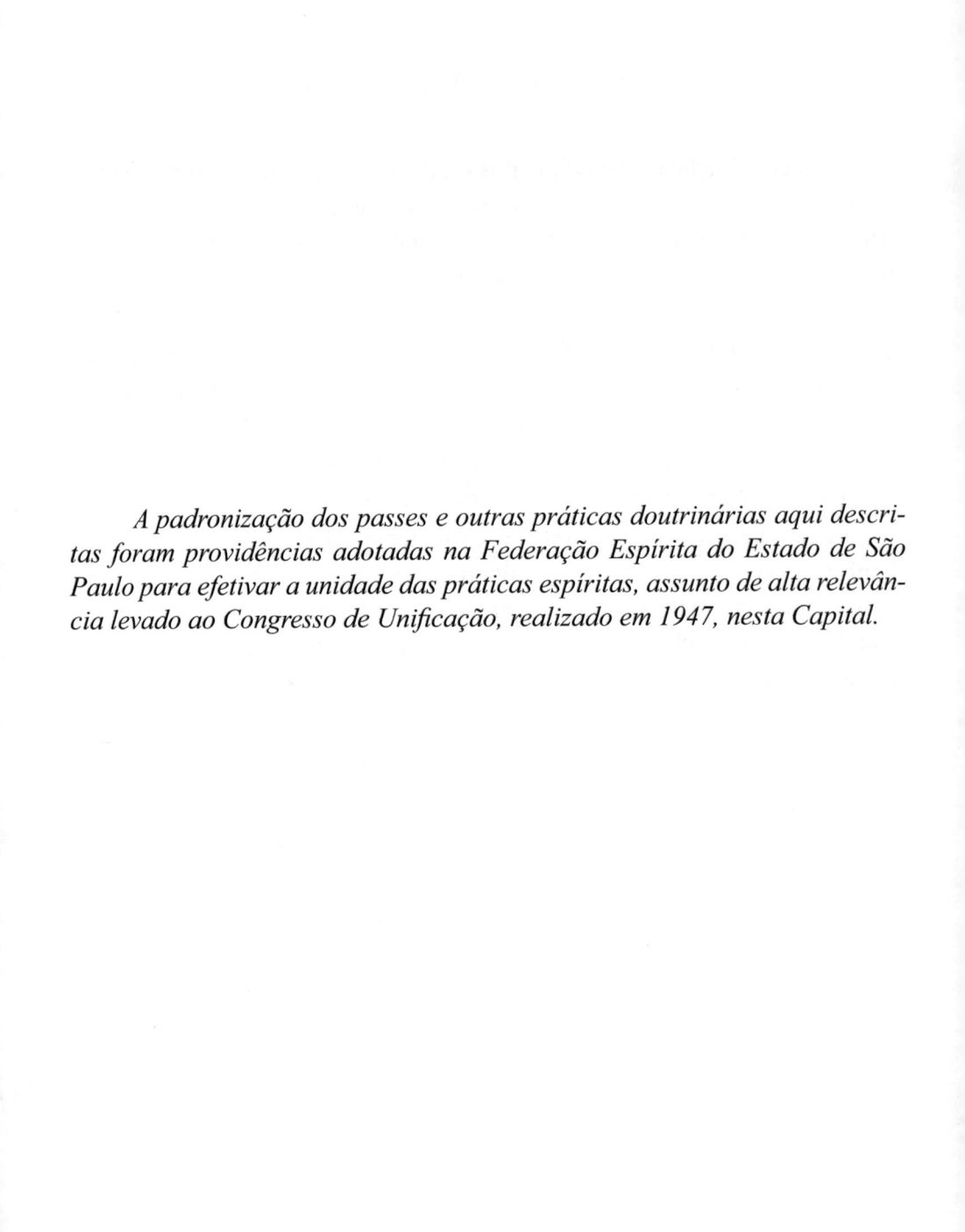

A padronização dos passes e outras práticas doutrinárias aqui descritas foram providências adotadas na Federação Espírita do Estado de São Paulo para efetivar a unidade das práticas espíritas, assunto de alta relevância levado ao Congresso de Unificação, realizado em 1947, nesta Capital.

PARTE A

TEÓRICA

CAPÍTULO 1

O SANTUÁRIO DO ESPÍRITO ENCARNADO

O corpo humano é o santuário do Espírito encarnado e o instrumento de que este se serve para o exercício de suas atividades no mundo físico; por isso foi formado de maneira que, ao mesmo tempo que exerça essas atividades, permaneça o Espírito ligado por vários meios ao seu próprio mundo, que é o espiritual.

Disso também decorre a grave responsabilidade que toca ao homem encarnado de zelar e responder pela conservação, equilíbrio e harmonia funcional desse corpo.

CONSTITUIÇÃO E FUNCIONAMENTO

O corpo físico é uma máquina que funciona ininterruptamente, do nascimento ao desencarne, acionada por forças hauridas do meio ambiente; constitui-se de um conjunto de tecidos e órgãos especializados e autônomos, porém mantidos unidos, integrados, no sistema comum, por força da presença do Espírito encarnado.

É formado de matéria densa (energia condensada a vários graus), apresentando uma forma tangível, modelada sobre um arcabouço resistente e flexível rodeado, no etéreo, de uma aura característica, variável para cada indivíduo, visível no plano hiperfísico e comumente limitada a uns poucos centímetros a partir da superfície do corpo.

Para sua integração no meio ambiente possui o Espírito encarnado os órgãos materiais dos sentidos: visão, audição, tato, paladar e olfato. Por meio deles toma conhecimento do que se passa a seu redor, no mundo físico e, por intermédio do perispírito (que é o corpo espiritual) liga-se com o mundo invisível ficando, assim, apto a agir, ao mesmo tempo, nos dois planos de manifestações da vida.

A máquina humana é formada por células, tecidos, órgãos, aparelhos e sistemas, que são vários e diferentes, desempenhando cada um tarefa e papéis específicos, mas sempre complementares.

A CÉLULA

A célula é a unidade morfológica e fisiológica na estrutura dos seres vivos, ou seja, é a base de toda organização viva. Pode ser considerada um verdadeiro "organismo", altamente especializado, composto dos seguintes elementos:

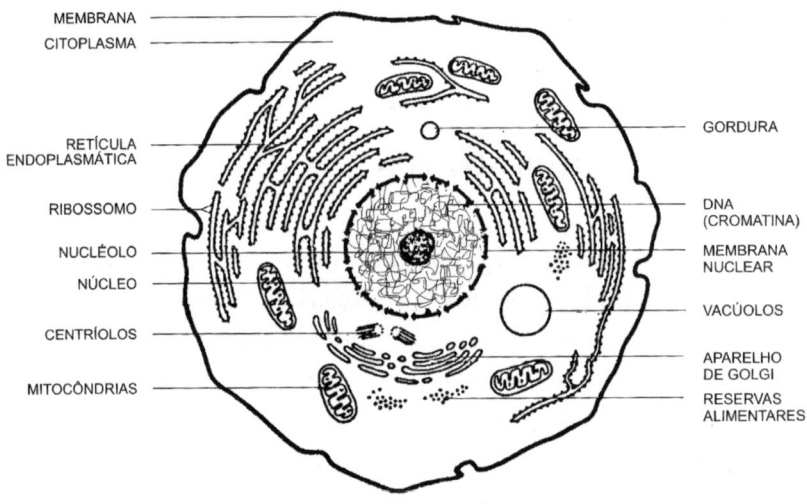

Esquema Celular

Membrana celular

— que envolve a célula

Citoplasma

— substância fundamental, na qual estão mergulhadas diversas partículas, cada uma das quais desempenhando funções específicas: digestão, respiração, excreção, produção de energia, etc...

Núcleo

— é o responsável pela reprodução celular e pela transmissão dos caracteres hereditários, por meio dos cromossomos (sede dos genes) nele contidos, na estrutura do DNA.

As células, embora microscópicas, possuem variadas formas, segundo sejam musculares, nervosas, ósseas, etc.

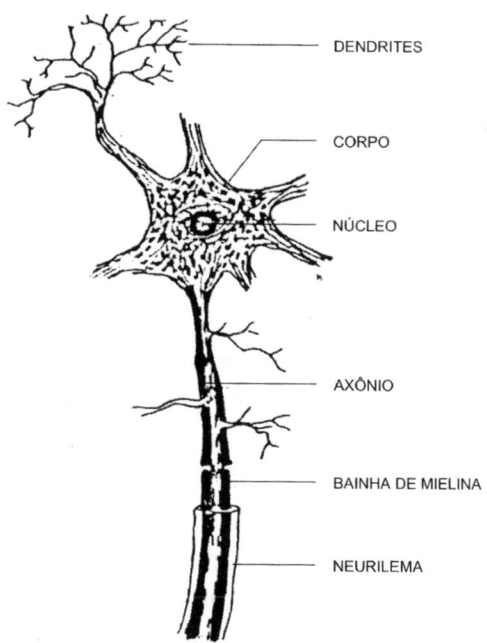

Célula Nervosa

TECIDOS

As células se especializam e se agrupam em conjuntos com características semelhantes: as células nervosas constituem o tecido nervoso, as células ósseas constituem o tecido ósseo, etc.

ÓRGÃOS

Diversos tecidos se reúnem para formar uma estrutura mais complexa, responsável por uma função específica: o órgão.

Vão desde órgãos simples, como um osso, um músculo, um nervo, até outros mais complicados, como o estômago, o coração, o intestino, etc.

SISTEMAS

Órgãos reunidos para o desempenho de funções determinadas constituem os sistemas.

Aparelho é uma denominação que, na anatomia atual, tanto pode ser usada como sinônimo de sistemas como também com sentido próprio de uma associação de sistemas. Por exemplo: o Sistema Muscular associado ao Sistema Esquelético formariam um aparelho especial de nome Aparelho Locomotor; o Sistema Respiratório e o Muscular comporiam o aparelho fonador, etc.

1) Sistema Digestório

É formado pelos órgãos: boca, esôfago, estômago, intestinos delgado e grosso, e glândulas anexas (fígado e pâncreas) mais glândulas salivares.

Esse sistema é destinado a captar, manipular e absorver alimentos e eliminar resíduos metabólicos não aproveitados.

A digestão começa na boca, onde os alimentos sofrem a ação da saliva que contém agentes digestivos (como, por exemplo, a amilase salivar, que transforma o amido em açúcar); seguem, por meio de movimentos peristálticos, para o esôfago, passam pela válvula cárdia, entram no estômago que os manipula durante um certo tempo, trabalhando-os com os sucos digestivos que lhe são próprios; em seguida, por meio da válvula piloro, passam para o duodeno, onde continuam a ser tratados pelos sucos digestivos, dentre os quais, aqueles que vêm do fígado e pâncreas. Continuam, então, pelo intestino delgado, onde se dá a maior parte da absorção das substâncias e, finalmente, vão ao intestino grosso, de onde são eliminados através do ânus.

A absorção se faz por meio das vilosidades intestinais, onde se encontram finíssimos capilares linfáticos e sanguíneos que recebem as substâncias e as distribuem através da circulação para todo o organismo.

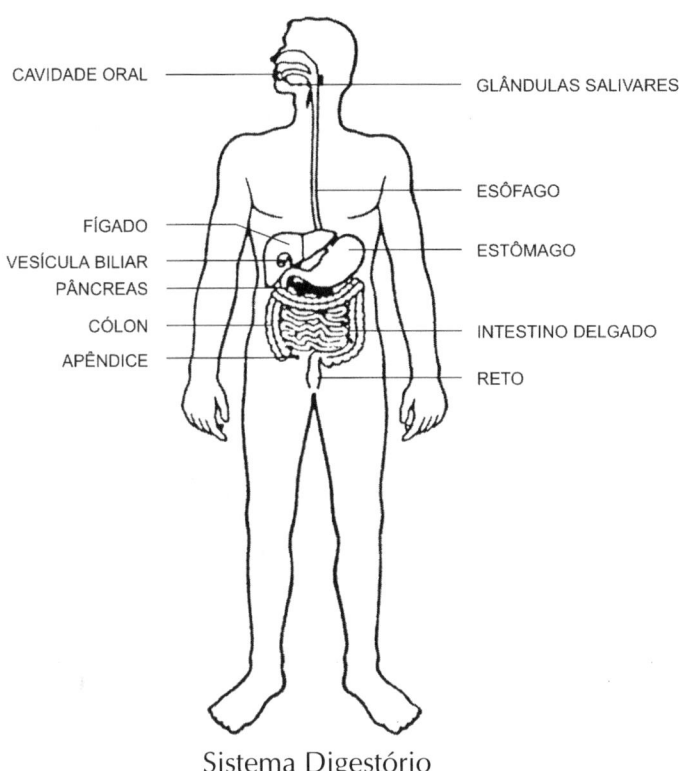

Sistema Digestório

2) Sistema Respiratório

Absorve da atmosfera não somente o oxigênio necessário, como também o fluido vital, que fornece ao organismo a indispensável energia.

É formado dos seguintes órgãos: fossas nasais, faringe, laringe, traqueia, brônquios e pulmões. Na laringe, situam-se as cordas vocais que são órgãos destinados ao uso da palavra.

Os pulmões são envolvidos por uma membrana serosa — a pleura — e neles penetram os brônquios, que se ramificam em bronquíolos e alvéolos. Estes são envolvidos por capilares sanguíneos e é no seio deles que se dá a oxigenação do sangue.

O sangue venoso vem bombeado pelo coração e nos alvéolos é oxigenado, desprendendo o gás carbônico, passando de venoso a arterial (de escuro a vermelho), próprio para oxigenar as células novamente.

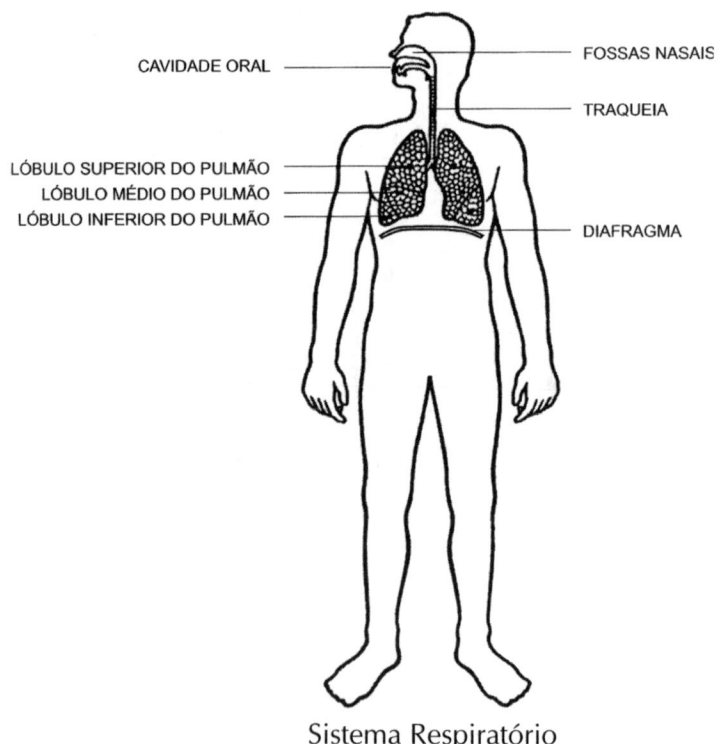

Sistema Respiratório

3) Sistema Circulatório

Mantém a vida, o calor interno, e leva a todas as células, por meio do sangue, o alimento de que se nutrem, retirando os resíduos metabólicos tóxicos do organismo (ex.: a amônia, originada da digestão das proteínas).

É formado pelo coração, artérias, veias e baço, resumidamente.

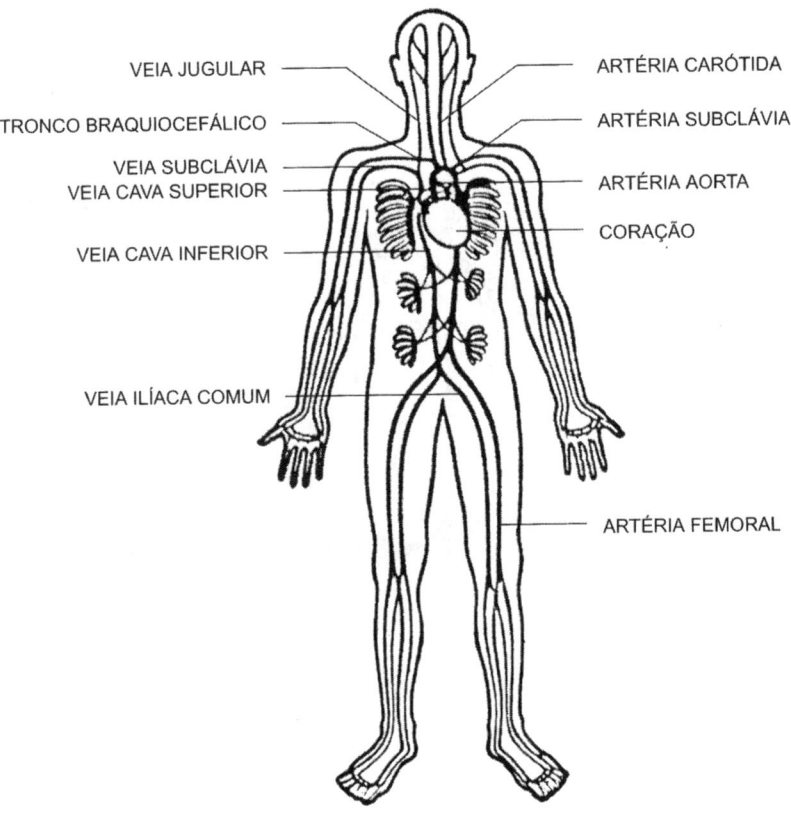

Sistema Circulatório

As artérias conduzem sangue rico em oxigênio, bombeado pelo coração para os vasos sanguíneos menores, os capilares, os quais se encontram em íntima relação com as células. Ali, o sangue arterial deixa o oxigênio, substâncias alimentícias, etc., e, transformando-se em sangue venoso, leva o gás carbônico e substâncias tóxicas para serem eliminados.

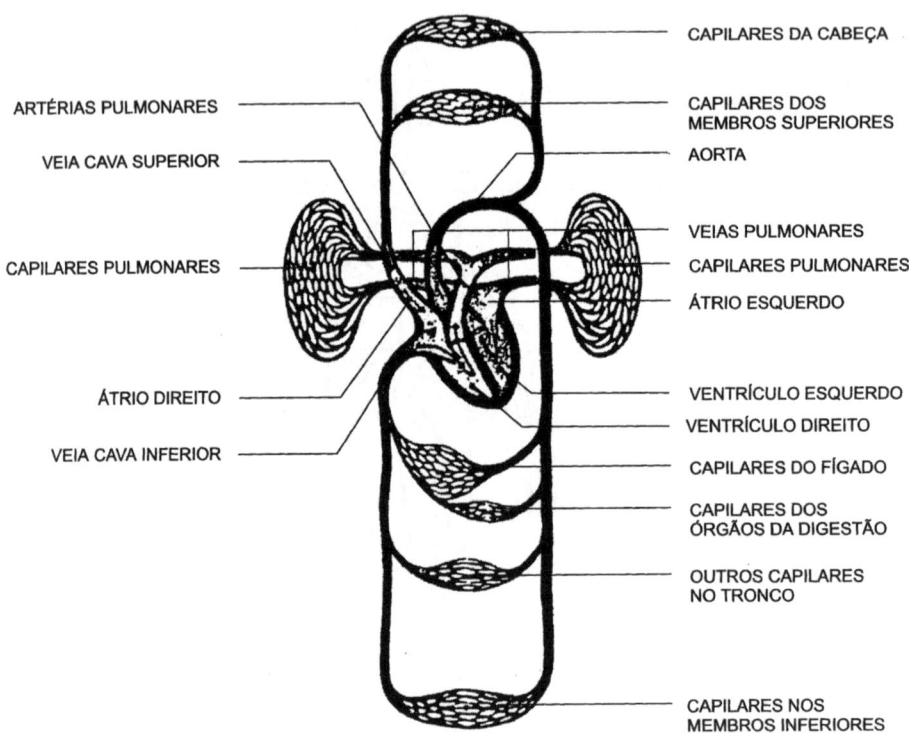

Esquema da Circulação Sanguínea

4) Sistema Excretor

Recolhe e expele os resíduos venenosos resultantes das trocas fisiológicas. É formado pelos rins, os ureteres, a bexiga e a uretra. Pelos vasos apropriados, o sangue passa pelos rins, onde sofre um processo de filtração e onde deposita resíduos a serem eliminados, os quais, em seguida, descem pelos ureteres até a bexiga, de onde são expelidos pela uretra.

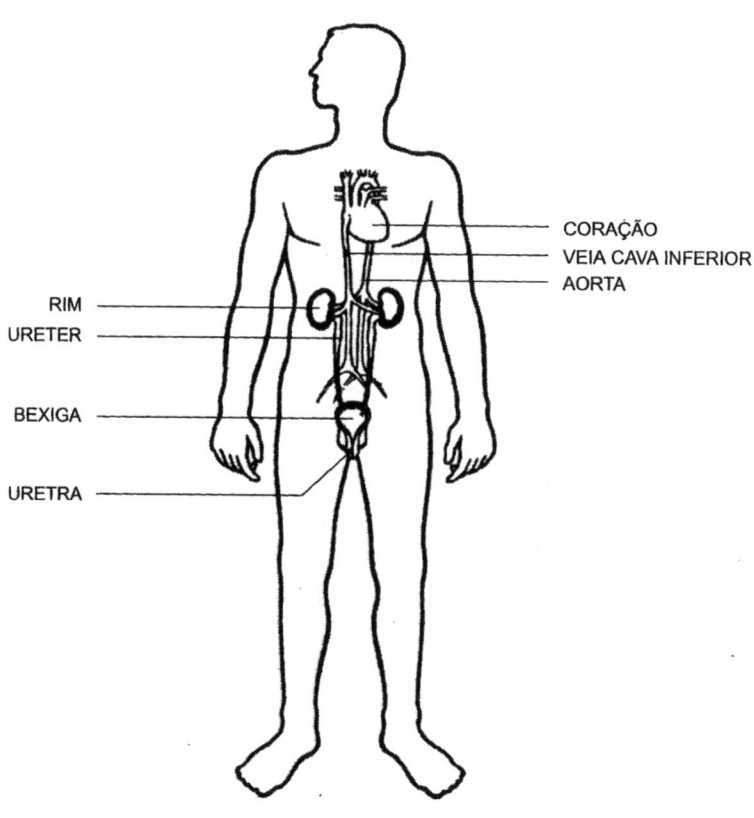

Sistema Excretor

5) Sistema Esquelético

Compreende os ossos e articulações os quais, no seu conjunto, formam o esqueleto, arcabouço rijo que sustenta o corpo, protegendo-o e dando-lhe forma. Os ossos longos, principalmente, possuem ainda, na sua medula, o tecido responsável pela produção das células sanguíneas (glóbulos brancos e vermelhos).

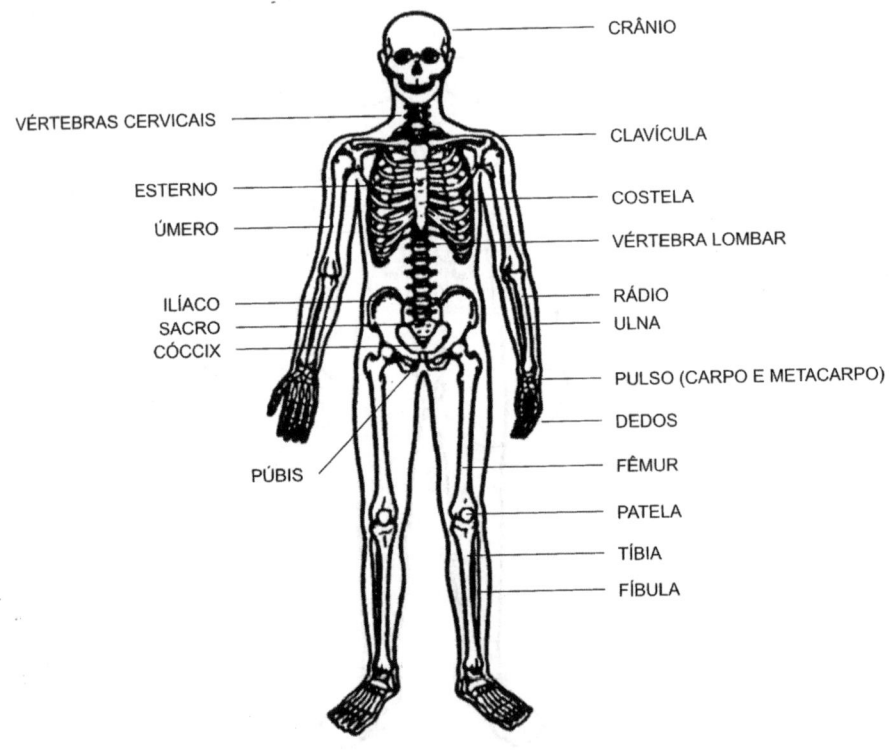

Sistema Esquelético

6) Sistema Muscular

Aqui se estudam somente os músculos estriados, responsáveis pelos movimentos voluntários. Os músculos lisos, viscerais, geralmente possuem movimento independente da vontade, inconsciente (ex.: condução do alimento ao longo do tubo digestivo).

Os músculos estriados possuem tendões que se fixam no esqueleto; dessa maneira, pela contração, proporcionam os movimentos das diversas partes do corpo.

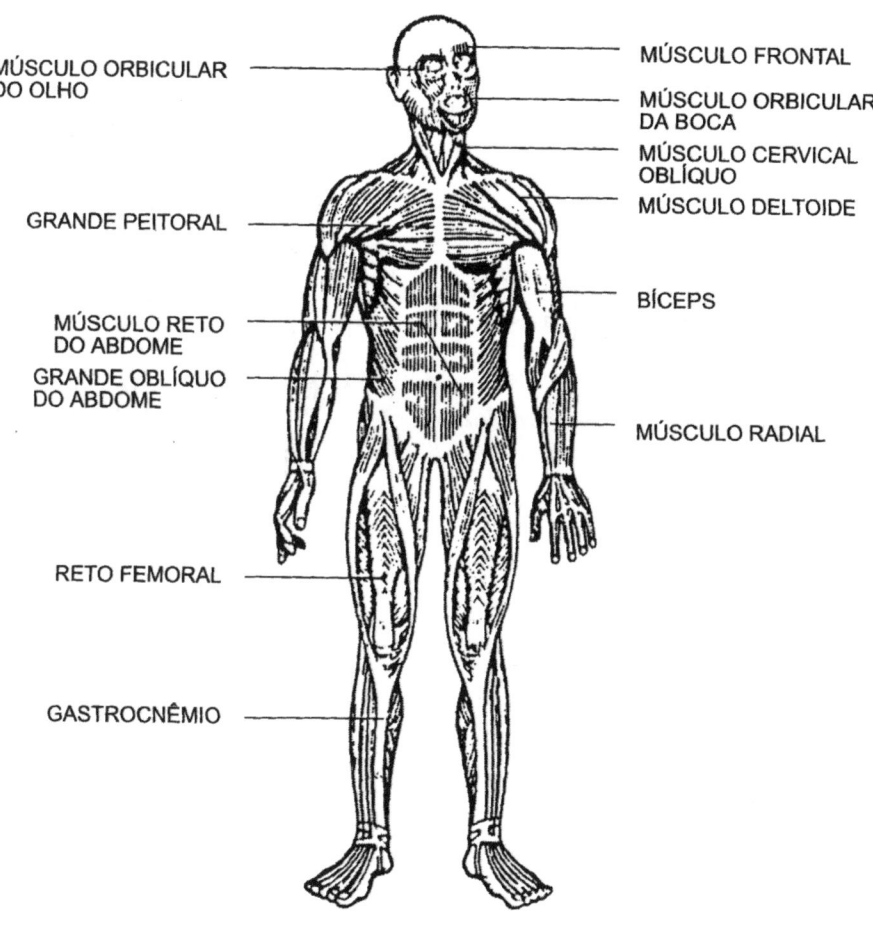

Sistema Muscular

7) Sistema Genital

Esse sistema executa o processo de reprodução e perpetuação da espécie. Compreende as gônadas, órgãos produtores de células sexuais (no homem: os testículos, responsáveis pela produção de espermatozoides; na mulher: os ovários, responsáveis pela produção de óvulos). A mulher, além disso, possui ainda o útero, responsável pela gestação.

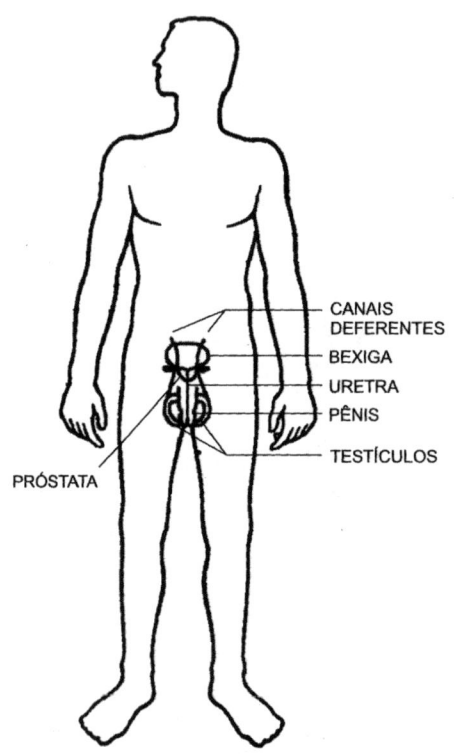

Sistema Genital
Masculino

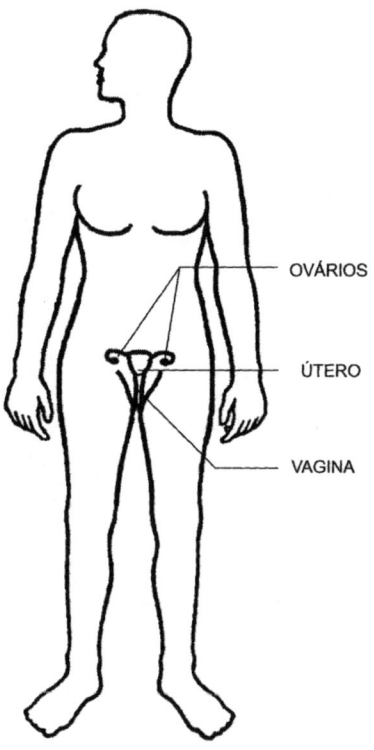

Sistema Genital
Feminino

8) Sistema Endócrino

As glândulas endócrinas, devido à sua íntima interdependência, constituem o sistema denominado endócrino. As principais glândulas endócrinas são: epífise ou pineal, hipófise ou pituitária, que controla as outras glândulas, tiroide e paratiroide, timo, pâncreas (em sua função endócrina, quando lança insulina e glucagon no sangue), adrenais, ovários, testículos e, finalmente, a placenta.

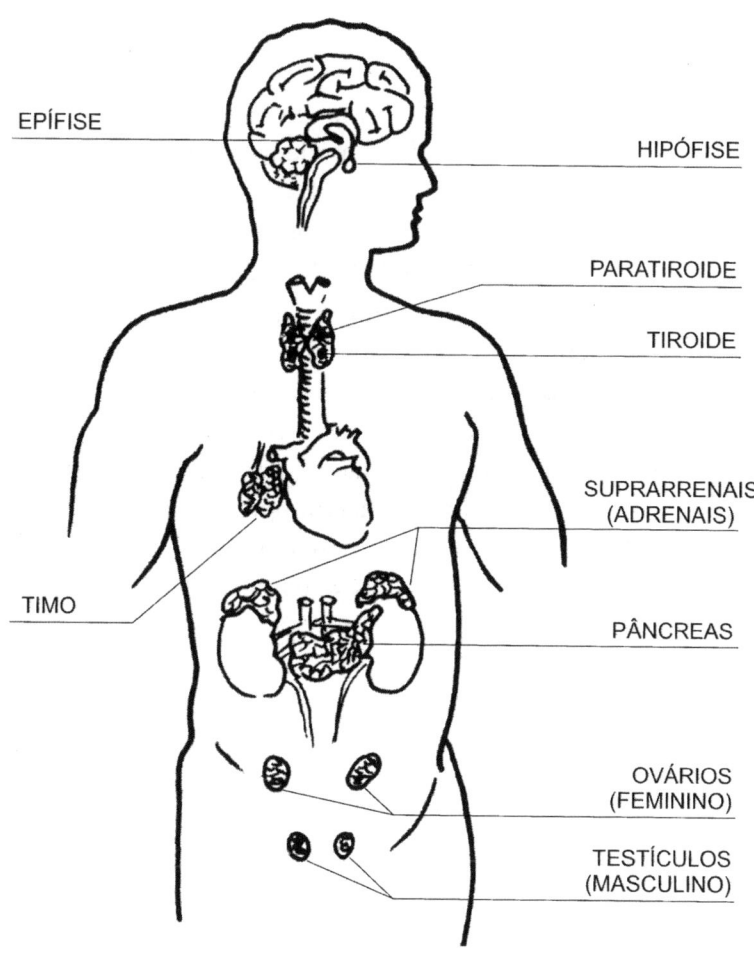

Sistema Endócrino

As glândulas hipófise e pineal são pontos sensíveis das intervenções espirituais na vida anímica do homem encarnado, sobretudo no desenvolvimento de suas faculdades psíquicas.

A glândula pineal possui uma aura, uma concreção dourada em torno, que apresenta os sete matizes das cores básicas. Essa aura não existe na criança antes dos sete anos (normalmente), nem nos idosos com arteriosclerose intensa e nos deficientes mentais, o que prova que essa glândula está ligada à vida mental dos homens. É o órgão principal da espiritualidade e da consciência das coisas tanto externas quanto internas.

9) Sistema Nervoso

Apresenta-se como o mais complexo no que se refere às funções e às atividades do Espírito encarnado. Coordena todas as atividades orgânicas, conduzindo sensações e ideias para o Espírito e do Espírito. Serve como elemento adaptador do organismo às condições do momento. É formado pelo tecido mais delicado e complexo de todos: o tecido nervoso.

O corpo físico não gera o fluido vital ou a força promotora da atividade orgânica, entretanto recebe-o dos centros de força do perispírito e absorve-o do meio em que vive por intermédio da pele, dos alimentos e da respiração. Em todos os casos o sistema nervoso é o veículo de recebimento dessas forças e, além de armazená-las em órgãos apropriados (plexos e centros de força), finalmente as distribui oportunamente a todos os órgãos internos, segundo as necessidades momentâneas de concentração e dispersão, locais ou gerais, visando sempre à manutenção do equilíbrio orgânico, seu ritmo funcional e sua harmonia interna.

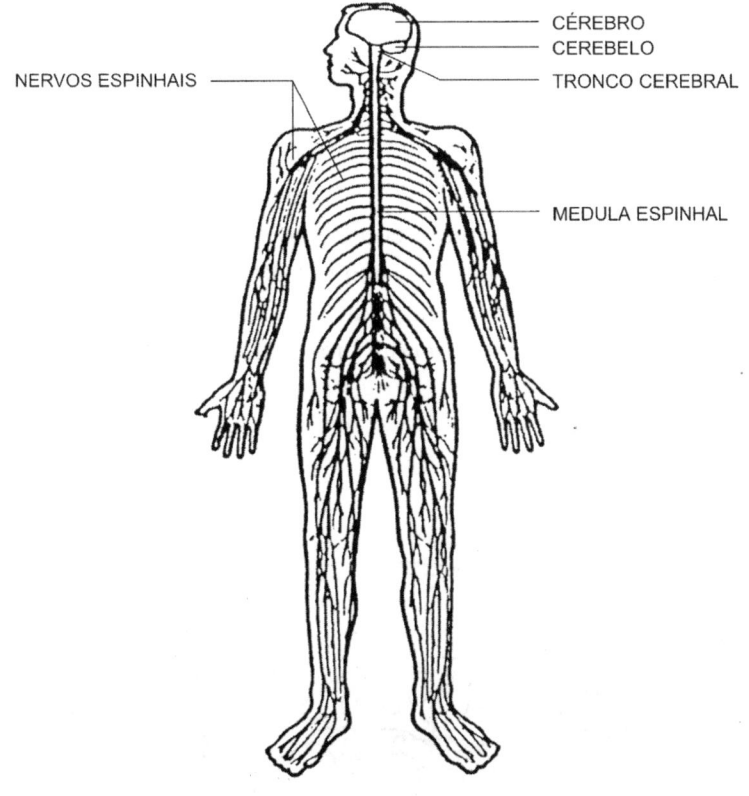

Sistema Nervoso

O Sistema Nervoso pode ser didaticamente dividido da seguinte maneira:

Sistema Nervoso Central

— Encéfalo

— Medula Espinhal

O encéfalo, contido dentro da caixa craniana, pode ser dividido em: medula oblonga, ponte, mesencéfalo, cerebelo, diencéfalo e telencéfalo.

Os lobos frontais do cérebro contêm os núcleos da vida intelectual do Espírito, e o cerebelo é a sede dos centros do equilíbrio orgânico da vida anímica, do sentimento, parte esta que na humanidade atual está sendo sobrepujada pelo cérebro anterior com hipertrofia da inteligência e atrofia da vida moral.

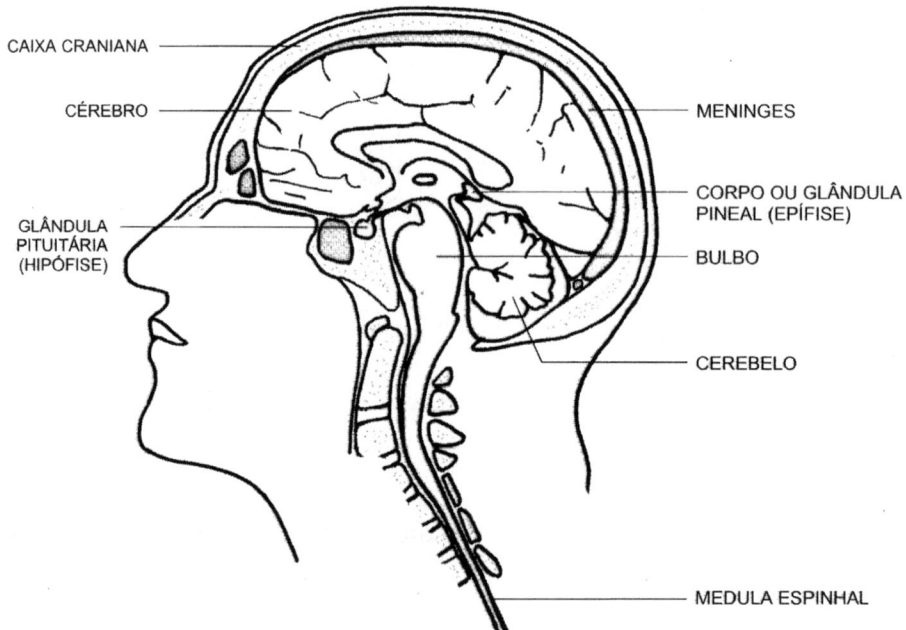

Órgãos que formam o encéfalo

Sistema Nervoso Periférico

— Nervos Cranianos e Raquidianos

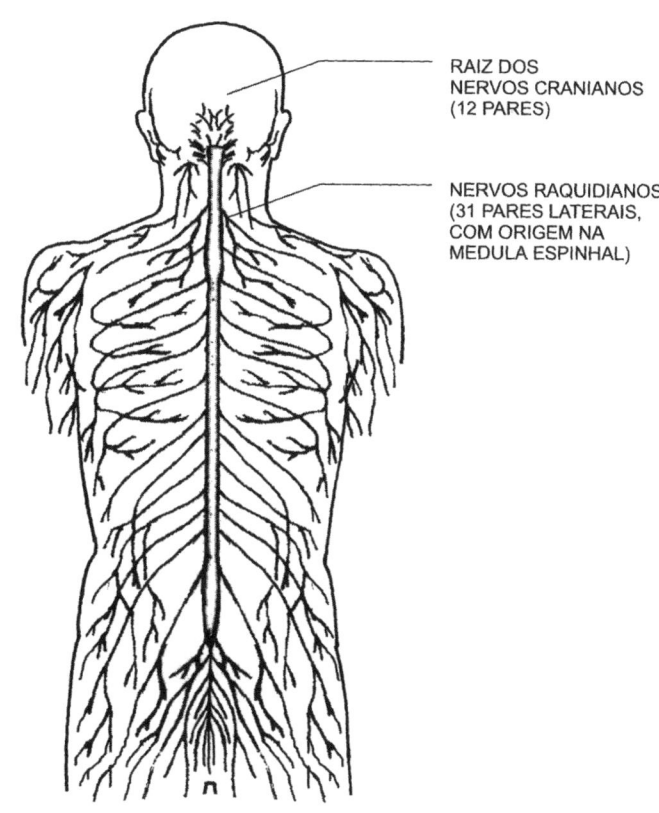

Sistema Nervoso Periférico

O Sistema Nervoso Periférico, com seus nervos, conduz estímulos do meio ambiente para o Espírito e vice-versa. Esses estímulos podem ser voluntários ou involuntários, conscientes ou inconscientes, motores ou sensitivos, somáticos ou viscerais.

Sistema Nervoso Autônomo

— Simpático e Parassimpático

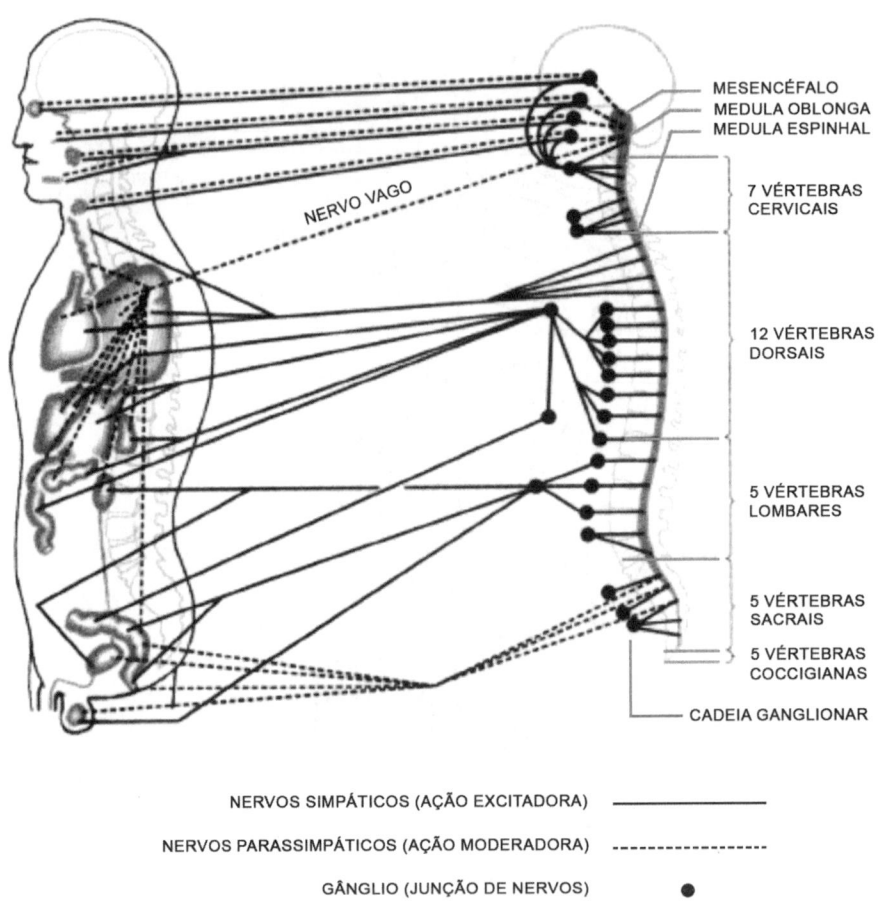

Representação Esquemática do Sistema Nervoso Autônomo

O Sistema Nervoso Autônomo é o que mais nos interessa.

É o responsável pela inervação das vísceras e que pode ser dividido, por sua vez, em Sistema Nervoso Autônomo Simpático e Sistema Nervoso Autônomo Parassimpático.

O Parassimpático, na sua quase totalidade, é representado pelo nervo Vago, que inerva todas as vísceras até o intestino grosso na sua parte mais alta, mais ou menos. Tem uma ação **moderadora**.

O Simpático é constituído por uma cadeia de gânglios e nervos próximos à coluna vertebral, denominada Tronco Simpático. Sua ação é **excitadora**.

Tomando por exemplo o sistema circulatório, se, por qualquer circunstância, predomina a ação do Simpático, o coração baterá cada vez mais rápido (taquicardia), podendo caminhar para uma insuficiência de oxigenação e infarto. Se, contrariamente, avultar a ação do Vago (Parassimpático), ele baterá cada vez em ritmo mais lento, podendo chegar até a completa paralisação.

No sono, o Vago retarda para o repouso geral.

O Vago e o Simpático funcionam com um antagonismo que mantém o equilíbrio interno, automaticamente, equilíbrio esse que é a saúde e que somente se rompe quando ocorrem intervenções diretas do Espírito, que age por meio dos plexos, principalmente o plexo solar.

Projetando-se fluidos nessa região, obteremos, de pronto, reações mais ou menos intensas na maior parte dos órgãos internos, dependentes dessa vida vegetativa.

A ação do Espírito sobre o primeiro desses dois sistemas (sistema nervoso central) é toda intelectual, direta e individual, isto é, para cada caso que surja há uma solução própria, uma reação, uma resposta especial, que vem do cérebro para o ponto do organismo em que o caso ocorreu. Por exemplo, no caso de ferimento na ponta de um dedo da mão direita, a notícia vai diretamente ao cérebro e este responde também diretamente para essa região, reagindo segundo as conveniências e circunstâncias próprias do momento.

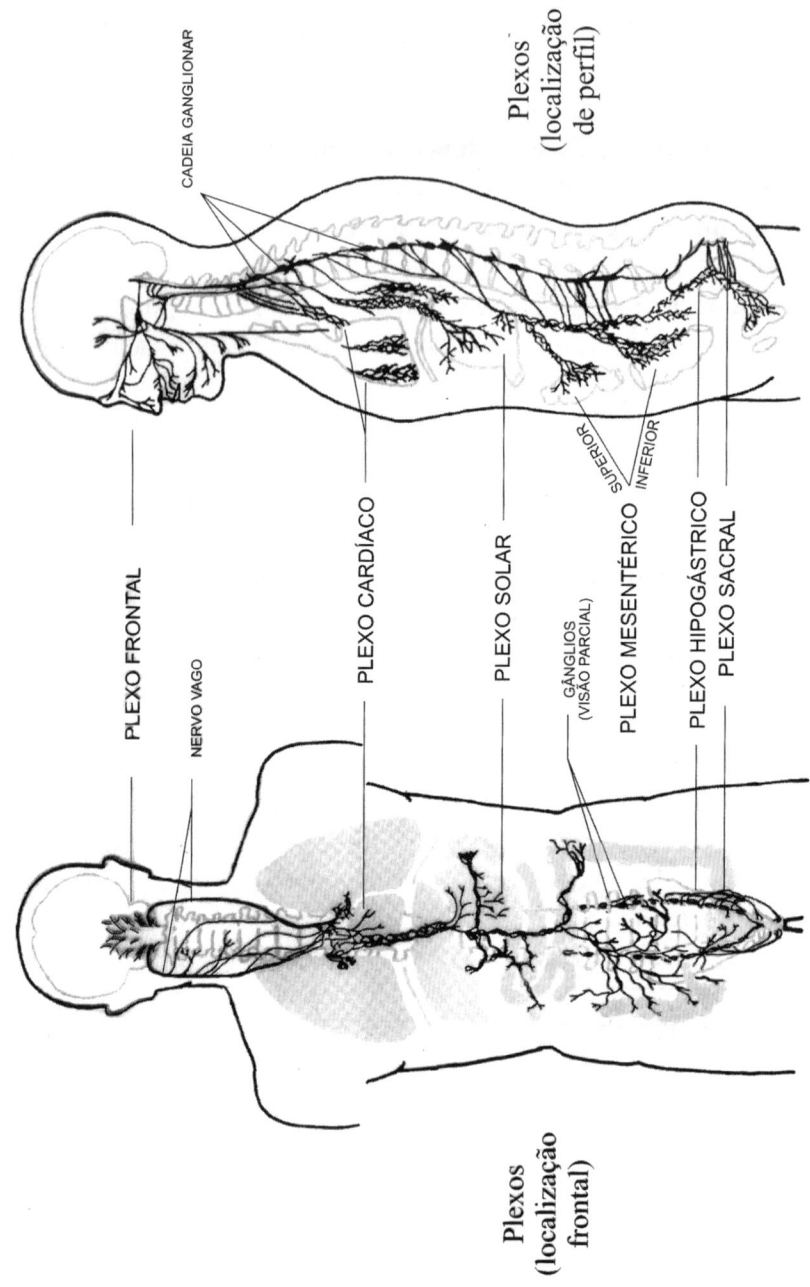

Sobre o sistema vegetativo, a ação, como já dissemos, é indireta e permanente: os órgãos funcionam automaticamente por impulsos vindos do perispírito e enquanto o Espírito estiver ligado ao corpo pelo cordão umbilical fluídico que, como se sabe, somente se rompe com a morte física.

Para esse sistema vegetativo ocorre uma espécie de ação catalítica: a presença do Espírito determina o funcionamento automático do conjunto, os centros de força remetendo os impulsos aos plexos e estes aos nervos; e assim todos os órgãos funcionam regularmente, sem consciência da mente encarnada, muito embora ambos os sistemas estejam intimamente ligados à contextura e ao funcionamento orgânico em geral.

De qualquer forma, a atividade nervosa, tanto a consciente, do sistema central, como a automática, do vegetativo, tem sua origem no sistema nervoso e quando este se cansa, ocorrem descontroles e moléstias graves como, por exemplo, as hipertensões arteriais, úlceras, asma, colites, etc.

Ainda dentro do Sistema Nervoso podemos estudar os órgãos responsáveis pela captação dos estímulos do meio ambiente, órgãos da sensibilidade especial. São eles:

— Visão
— Audição
— Tato
— Paladar
— Olfato

Vejamo-los a seguir:

VISÃO — Compreende a cavidade orbitária, globo ocular e nervo óptico. O aparelho funciona como uma máquina fotográfica, recebendo as ondas luminosas por meio das células da retina e transmitindo-as ao nervo óptico, que as leva ao cérebro e este, por sua vez, transmitindo-as à mente perispiritual, onde a impressão luminosa é classificada e reconhecida.

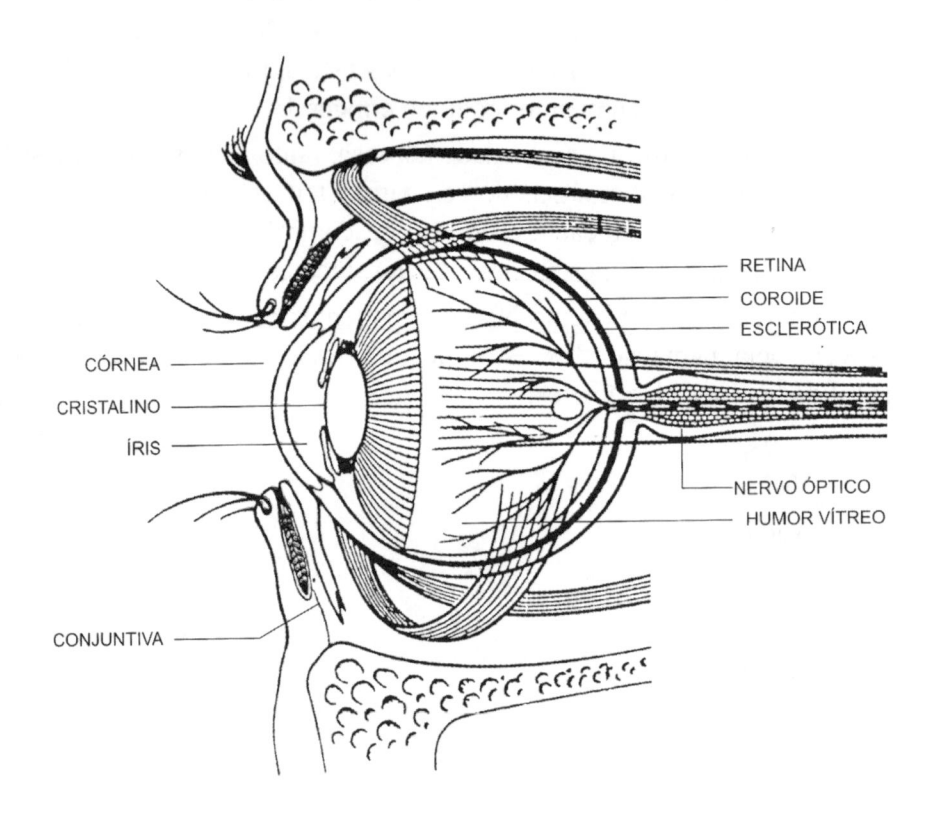

Visão

AUDIÇÃO — Recebe as ondas sonoras; estas fazem vibrar o tímpano, passam ao ouvido médio, depois ao ouvido interno e, no "caracol", atingem o nervo auditivo, que leva as ondas ao cérebro e, daí, à mente, no perispírito, para a devida classificação.

No ouvido interno, as terminações nervosas apanham as diferentes frequências de sons, gerando-se assim uma corrente que, no cérebro, é identificada como notas musicais.

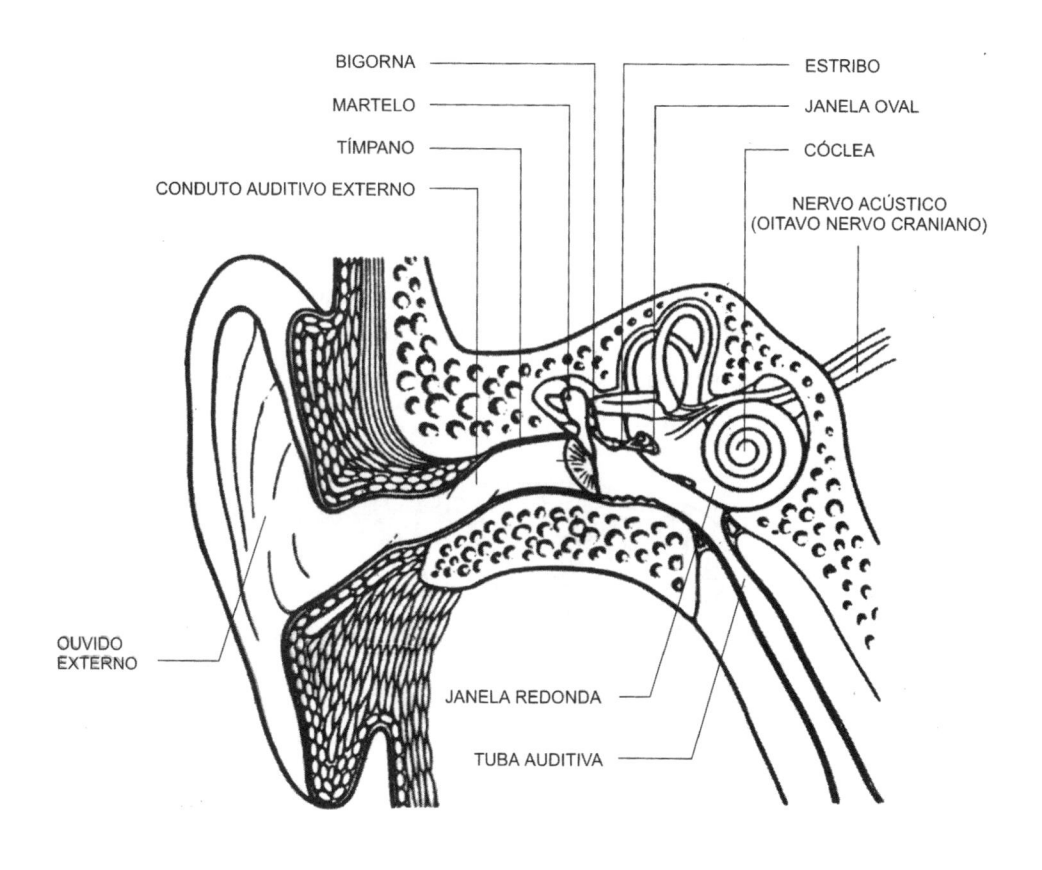

Ouvido

TATO — Recebe e transmite as impressões recebidas pela epiderme em toda a superfície do corpo, principalmente nos dedos. Essas impressões são percebidas por terminações nervosas especializadas, que as remetem ao cérebro, pelo mesmo processo já referido.

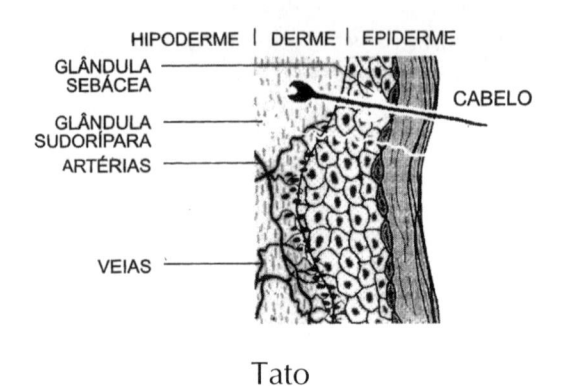

Tato

PALADAR — Compreende boca e língua, onde existem as papilas gustativas, que diferenciam os mais variados sabores, em regiões específicas.

A língua possui milhares de corpúsculos gustativos, cada qual com sua ligação nervosa direta com o cérebro.

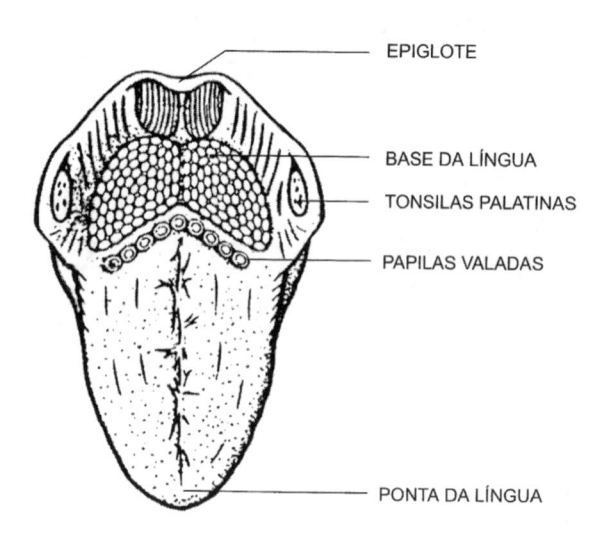

Língua

OLFATO — Destinado à diferenciação dos odores e formado por células apropriadas existentes na mucosa nasal. Este sentido é grandemente desenvolvido nos animais e lhes serve não só para defesa como para a busca de alimentos.

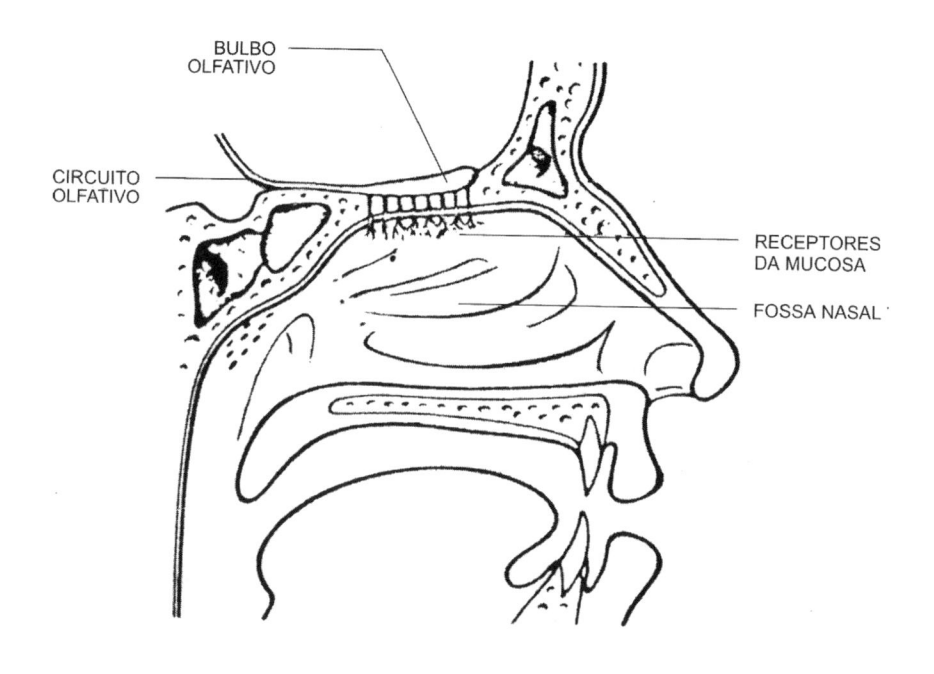

Olfato

CAPÍTULO 2

CENTROS DE FORÇA

No perispírito, o sistema nervoso liga-se por meio dos plexos e gânglios, a uma série de centros de força, denominados **chacras** na literatura oriental, sobre os quais devemos aqui dizer mais algumas palavras, tendo em vista sua importância para o trabalho dos passes, apesar de não terem sido citados por Kardec na Codificação, por conveniência de programação.

Antes, porém, estudemos alguns rápidos conceitos doutrinários a respeito da Energia.

1) Formas de Energia

Há energias de diversos aspectos que circulam no Cosmo, alimentando a vida de todos os seres, as quais têm várias origens: a Terra, o Sol, o espaço infinito, os seres espirituais...

Todas elas têm características, vibrações, ondulações e cores diferentes.

As que vêm do Sol são sete e correspondem às cores do espectro solar, que o arco-íris reflete nas suas deslumbrantes e poéticas apresentações.

As da Terra são primárias, violentas; vêm do centro do globo e têm o nome, na literatura oriental, de **fogo serpentino, kundalini,** e as chamaremos aqui de Força Primária.

As que vêm dos espaços infinitos são inúmeras, dentre as quais se podem citar o "prana", a eletricidade, os raios cósmicos em geral, o magnetismo, etc., energias estas que o homem absorve pela alimentação, pela respiração e pelos centros de força.

Na alimentação, destacam-se os vegetais, nos quais, além dos sais minerais e das energias solares fixadas pela fotossíntese nos carboidratos, existem as vitaminas (aminas da vida), que a ciência já conseguiu descobrir e classificar em grande número.

Todas essas formas de energia fluem por meio dos corpos vivos, alimentando suas atividades individuais.

Portanto, resumindo, verificamos que o homem encarnado se nutre:

a) de alimentos sólidos e líquidos, que absorve pelo sistema digestório;

b) de ar atmosférico, que absorve pelo sistema respiratório e pela pele;

c) de energias espirituais (fluidos e raios cósmicos) que absorve pelos centros de força.

2) Centros de Força

Centros de Força ou Rodas são acumuladores e distribuidores de força espiritual, situados no corpo etéreo[1] pelos quais transitam os fluidos energéticos de uns para outros dos envoltórios exteriores do Espírito encarnado.

No homem comum, o centro de força se apresenta como um círculo de mais ou menos 5 centímetros de diâmetro, quase sem brilho; porém, no homem espiritual, é quase sempre um vórtice luminoso e refulgente.

Quanto mais ativo ou desenvolvido for o centro de força, maior capacidade de energia ele comporta e, portanto, maiores possibilidades oferece em relação ao emprego dessa mesma energia; e como as faculdades psíquicas são afetadas e estão, em grande parte, subordinadas ao funcionamento dos centros de força, compreende-se que o maior desenvolvimento de um deles acarreta o desenvolvimento da faculdade psíquica correspondente e vice-versa.

Os centros de força principais no perispírito se localizam em regiões anatômicas correspondentes aos plexos do corpo orgânico. Para melhor

---

[1] Também conhecido como *duplo etérico*, que é formado por emanações neuropsíquicas do corpo físico, de onde emana o ectoplasma. A esse respeito André Luiz, em *Nos Domínios da Mediunidade*, capítulo 11, nos diz:

"— Com o auxílio do supervisor, o médium foi convenientemente exteriorizado. A princípio, seu perispírito ou *corpo astral* estava revestido com os eflúvios vitais que asseguram o equilíbrio entre a alma e o corpo de carne, conhecidos aqueles, em seu conjunto, como sendo o *duplo etérico*, formado por emanações neuropsíquicas que pertencem ao campo fisiológico e que, por isso mesmo, não conseguem maior afastamento da organização terrestre, destinando-se à desintegração, tanto quanto ocorre ao instrumento carnal, por ocasião da morte renovadora." (Nota da Editora)

compreensão do assunto, damos um mapa dessa colocação e respectiva nomenclatura.[2]

PLEXO[3]	LOCALIZAÇÃO	CENTROS DE FORÇA
Sacral	Base da espinha	Básico
Hipogástrico	Baixo ventre	Genésico
Mesentérico	Região do baço	Esplênico
Solar	Região do estômago	Gástrico
Cardíaco	Região precordial	Cardíaco
Laríngeo	Garganta	Laríngeo
Frontal	Fronte	Frontal
([4])	Alto da cabeça	Coronário

---

[2] Em sua obra *Entre a Terra e o Céu*, publicada após a 1ª edição deste livro, André Luiz discorda, em parte, dessa classificação, chamando de cerebral ao centro de força frontal; mas preferimos a denominação de frontal, para evitar confusões com o coronário, cuja localização é também no cérebro.

[3] O plexo Solar é atualmente designado por plexo gástrico e o Frontal é conhecido na medicina como carotídeo ou carotidiano. (Nota da Editora)

[4] O chacra coronário não está relacionado com nenhum plexo do corpo físico, mas o está com a glândula pineal. Vide *Os Chacras*, C. W. Leadbeater, Ed. Pensamento. (Nota da Editora)

PASSES E RADIAÇÕES

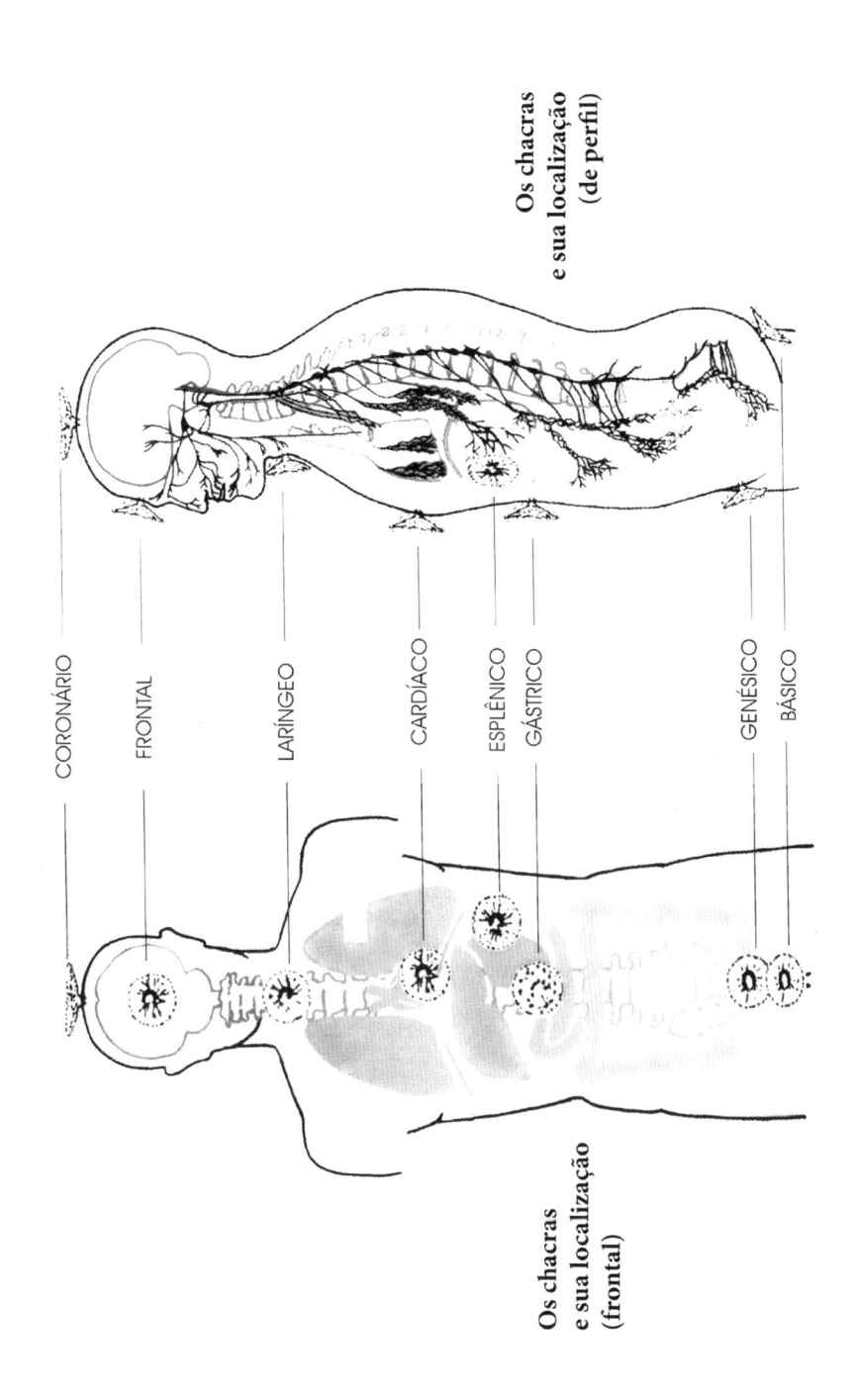

Os chacras e sua localização (de perfil)

CORONÁRIO
FRONTAL
LARÍNGEO
CARDÍACO
ESPLÊNICO
GÁSTRICO
GENÉSICO
BÁSICO

Os chacras e sua localização (frontal)

45

3) Funções dos Centros de Força

Segundo as funções que exercem, eis as finalidades dos centros de força:

BÁSICO: Na contenção deliberada, as forças que transitam por esse órgão se transformam, no cérebro, em energia intelectual. Estimula desejos, age sobre o sexo. Capta e distribui a força primária e serve para reativação dos demais centros. Essa reativação, se for feita assiduamente sobre o mesmo centro, aumenta a animalidade.[5]
Cores básicas: roxo e laranja forte.

GENÉSICO: Regula as atividades ligadas ao sexo, recebendo influência direta do Básico. A reativação aumenta a libido em grau imprevisível, podendo levar ao esgotamento e ao desequilíbrio, provocando muitas vezes vampirismo, sendo, portanto, desaconselhável a sua reativação.

ESPLÊNICO: Regula a circulação dos elementos vitais cósmicos que, após circularem, se eliminam pela pele, refletindo-se na aura; quanto mais intensa a absorção, mais poderoso o magnetismo individual aplicável às curas. A reativação aumenta a captação dessas energias, a vitalidade nervosa e a normalidade circulatória sanguínea.
Cores básicas: amarelo, roxo e verde.

GÁSTRICO: Regula a manipulação e a assimilação dos alimentos orgânicos; influi sobre as emoções e a sensibilidade, e sua apatia produz disfunções vegetativas.
Cores básicas: roxo e verde.

CARDÍACO: Regula as emoções e os sentimentos. A reativação expande os sentimentos; influi sobre a circulação do sangue e sua manipulação é delicada.
Cores básicas: rosa e dourado brilhante.

LARÍNGEO: Regula as atividades ligadas ao uso da palavra; influi sobre a audição mediúnica.

---

[5] André Luiz, em sua obra *Entre a Terra e o Céu*, não se refere ao centro de força básico, porém julgamos acertado conservá-lo nesta relação, pela sua importância no metabolismo energético e por ser o agente reativador das atividades mediúnicas no campo da movimentação de fluidos pesados, próprios do homem animal.

Cores básicas: prata e azul.

FRONTAL: Regula as atividades inteligentes; influi no desenvolvimento da vidência; tem ligações com a hipófise.
Cores básicas: roxo, amarelo e azul.

CORONÁRIO: Órgão de ligação com o mundo espiritual; serve ao Espírito para influir sobre os demais centros de força; influi sobre o desenvolvimento mediúnico por sua ligação com a epífise. A reativação dá continuidade de consciência no sono e nos desdobramentos.
Cores básicas: branco e dourado.

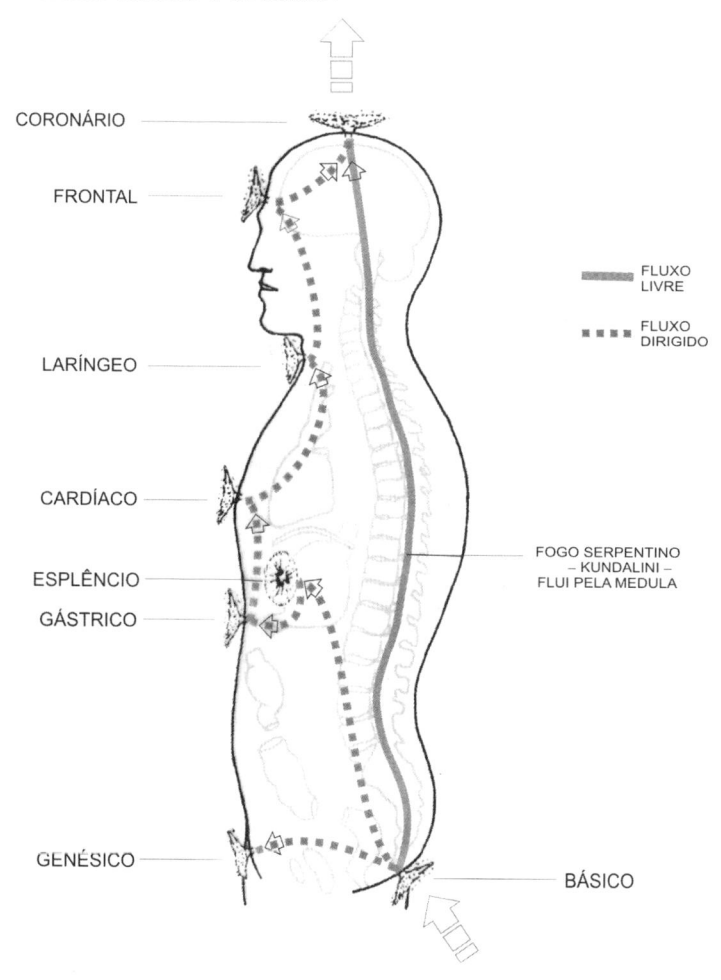

Fluxo de energia pelos Chacras

4) O Corpo Etéreo

Os plexos, como já explicamos, estão situados no corpo físico; são conjuntos e aglomerados de nervos e gânglios do Sistema Vago-Simpático que regula a vida vegetativa do corpo humano.

Os centros de força, ao contrário, são estações de força espiritual ou fluídica no perispírito e no corpo etéreo; formam um campo eletromagnético utilizado pelo Espírito e funcionam em plena ligação com os plexos do corpo material.

O corpo etéreo é composto de eflúvios vitais, na sua maior parte emanados do neuropsiquismo do corpo denso, e assegura a ligação entre o perispírito e este do qual, aliás, faz parte, como se fosse um prolongamento.

Esse corpo etéreo desintegra-se de 30 a 40 dias após a morte do corpo físico.

5) Considerações Gerais

• As forças espirituais e as cósmicas, vindas do Espaço ou da Terra, penetram nos centros de força situados no perispírito, daí passam aos plexos orgânicos e destes aos nervos, transitando, assim, por todo o organismo.

• As energias que fluem pelos centros de força possuem uma determinada medida de onda e determinada cor; movem-se, não em linha reta, como as ondas de luz, mas por ondulações.

• Segundo as influências que exercem, os centros de força possuem cores diferentes, predominando, em cada um deles, aquela que corresponde à sua natureza e atividade fundamental. Ainda segundo essa natureza e a disposição que guardam no conjunto humano, podem ser:

    a) fisiológicos — genésico e gástrico;

    b) emocionais — cardíaco e laríngeo;

    c) espirituais — frontal e coronário.

Estes últimos mantêm estreitas ligações com as glândulas epífise e hipófise (pineal e pituitária) e funcionam como elementos de ligação com o mundo espiritual superior, como já dissemos.

• Alimentação sóbria, abstenção de tóxicos e outros fatores influem sobremodo no trânsito livre e desembaraçado das energias pelo binômio centro de força-plexo; isso é muito importante para aqueles que dão passes e que necessitam manter sempre suas próprias forças em perfeito ritmo e capacidade.

• Os medicamentos materiais agem sobre as vísceras, músculos e nervos, mas as energias fluídicas e magnéticas agem sobre os centros de força diretamente.

• A força primária penetra pelo centro básico, desperta os demais centros e, em certos casos, provoca sua reativação.

• Em alguns indivíduos, os centros frontal e coronário se confundem na aparência, visto que as duas glândulas, pituitária e pineal, estão no corpo físico, quase juntas.

• No corpo físico, os órgãos dos sentidos recebem as impressões exteriores e as transmitem ao cérebro, para o conhecimento do Espírito; porém, no perispírito, há matéria própria a receber e transmitir as impressões ou vibrações procedentes do exterior, e este é o segredo da compreensão da quarta dimensão: o Espírito vê e sente em todos os sentidos, sem necessidade de localização, porque no seu envoltório, em todo ele, há células capazes de receber e transmitir tais impressões.

• Cada centro de força, despertando, aumenta as possibilidades dos sentidos físicos e espirituais, como também de faculdades psíquicas ou mediúnicas; cada um que desperta ou se desenvolve torna o Espírito capaz de perceber novas ordens de vibrações.

• As energias solares penetram nos centros em forma de ondulações preferenciais ou específicas, formando raios de cores diferentes, com virtudes diferentes. Por exemplo:

Roxos e alaranjados — Raios próprios do genésico, donde vão aos órgãos reprodutores. O uso destes mantêm vivos os desejos — a libido — enquanto que a abstenção os transforma em raios amarelos, próprios da vida espiritual, que passam ao cérebro.

Amarelos — Vão ao coração, que avivam e passam diretamente ao cérebro, para despertar o coronário.

Verdes — Inundam o abdômen, centralizando-se no plexo solar para vivificar os órgãos digestivos e excretores.

Roseas — Circulam pelo sistema nervoso, do qual são alimento específico.

• Porém, como os centros de força funcionam no plano espiritual, nem sempre podem transmitir ao corpo físico, à consciência física desperta no meio físico, as impressões que lá estão constantemente recebendo; há fronteiras vibratórias que impedem a transmissão: uma espécie de cortina vibratória isoladora, que protege o corpo físico dos choques constantes e muitas vezes perniciosos dessas impressões, como mais adiante estudaremos.

• Nos médiuns, as faculdades podem ser despertadas por alterações introduzidas em seu corpo perispiritual pela ação da força primária dirigida; porém, o desenvolvimento prematuro dos centros de força por esse processo, sobretudo o genésico, é altamente condenável e perigoso, podendo produzir perturbações sérias.

• Nenhuma prática nesse sentido deve ser aconselhada a não ser a do desenvolvimento gradual e paralelo das forças morais, visando à evangelização do indivíduo.

O forçamento dos centros de força, sua manipulação empírica ou que ultrapasse certos limites, no plano material, desequilibram os órgãos correspondentes e, no espiritual, produzem distúrbios psíquicos e obsessões.

Por outro lado, seu esvaziamento e apatia produzem enfraquecimento orgânico e psíquico, pela interrupção do fluxo de energias vitais sustentadoras do metabolismo fluídico geral.

Entretanto, reconhecendo a conveniência da reativação nos casos de desenvolvimento mediúnico e no campo das curas, estudamos um processo simples, mediante o qual se pode, com os devidos cuidados, introduzir a utilização da Força Primária nas práticas espíritas na forma demonstrada no Capítulo 19, item "Método de Reativação".

RESUMO

Agora podemos resumir tudo para dizer: que o corpo humano é um universo em miniatura, de fundo essencialmente dinâmico, formado de energia condensada em células vivas e inteligentes, agrupadas em colônias de hierarquias vibratórias diferentes, que se especializam para formar órgãos, aparelhos e sistemas, cada qual com suas características, movimentos e finalidades próprios, e todos ligados entre si pelo sistema nervoso; e que nesse maravilhoso conjunto, a função espiritual depende grandemente desse sistema nervoso que é o grande regulador de todas as tensões, relações e movimentos; e, finalmente, que o Espírito encarnado utiliza-se desse organismo agindo, diretamente, pelo cérebro ou, indiretamente, pelos plexos.

Por isso é que em todos os casos de predominância espiritual (exteriorizações espontâneas, misticismo, hipersensibilidade congênita, mediunidade, etc.) o primeiro setor do organismo a manifestar irregularidades ou perturbações é o nervoso, porque a atividade psíquica do Espírito solicita em demasia a atividade física do sistema, hierarquicamente inferior que, para corresponder às solicitações referidas, vibra aceleradamente, de forma anormal, num ritmo que não é o seu, esgotando em pouco tempo suas energias de reserva.

Nesses casos, é necessário e urgente reduzir a atividade espiritual ou elevar o padrão vibratório do corpo físico, pela purificação; mas esse é assunto que escapa à natureza e às limitações deste nosso trabalho.

CAPÍTULO 3

REGRAS PARA CONSERVAÇÃO E PUREZA DO CORPO FÍSICO

No que respeita à mantença do equilíbrio e à conservação do corpo, ressalvadas as destinações de ordem cármica que escapam ao nosso controle individual momentâneo, transferimos para aqui algumas regras e considerações que constam do Cap. II, item 2, do livro de nossa autoria, *Trabalhos Práticos de Espiritismo*, primeira edição em 1954.

CONDUTA CONSIGO MESMO

Referimo-nos aos esforços íntimos em relação aos hábitos, costumes, necessidades e outros aspectos da vida moral do indivíduo, destinados a mudar os seus sentimentos negativos, vencer vícios e defeitos, dominar paixões inferiores e conquistar virtudes espirituais, isto é, **a reforma íntima.**

Para isso, torna-se necessário:

Higiene do corpo físico

Uso diário de banhos de água, totais ou parciais; de ar, de luz e de sol, cada um agindo, é claro, de acordo com seus próprios recursos e possibilidades, inclusive de tempo; vestimentas apropriadas, de acordo com o tempo, o clima e as estações do ano.

Alimentação

Racional e sóbria, contendo os princípios alimentares básicos que são: proteínas (alimentos que mantêm os músculos); carboidratos e gorduras (alimentos que fornecem energia e calor), sais minerais e vitaminas.

Todos esses elementos são encontrados nos alimentos comuns, sendo, todavia, necessário saber combiná-los e utilizá-los sem faltas ou excessos.

Para isso convém consultar instruções apropriadas, quase sempre encontradas em livros e publicações que tratam do assunto.

Lentamente, e tanto quanto possível (segundo os recursos, profissão e temperamento de cada um), diminuir a carne como alimento-base, visto ser desaconselhável do ponto de vista espiritual. Os princípios alimentares que ela contém, sobretudo proteínas, são encontrados com facilidade em outros alimentos de uso comum, como, por exemplo: queijo, feijão, soja, leite, etc.

Por outro lado, para alimentar nosso corpo não há necessidade de sacrificar vidas de animais úteis e pacíficos onde Espíritos, ainda embrionários, realizam sua evolução, quando podemos fazê-lo com inúmeros outros alimentos mais simples.

Neste assunto, que é de controvérsia, cada um deve seguir seus próprios impulsos e inspirações que corresponderão, justamente, ao grau de compreensão ou de evolução que lhes forem próprios.

Repouso

Dormir o tempo que for exigido pelo próprio organismo, segundo a idade, a profissão e o temperamento de cada um.

Nunca sacrificar esta necessidade fundamental em benefício de certas distrações ou atividades dispensáveis, porque são sempre lamentáveis as consequências que a falta de sono acarreta para o sistema nervoso, principalmente daqueles para os quais essa necessidade se torna mais acentuada.

O normal do período de repouso para os adultos é de 8 horas, tempo esse que vai diminuindo à medida que aumenta a idade; na velhice essa necessidade fica reduzida para pouco mais de 3 a 5 horas, substituída a diferença por uma apatia natural, certa sonolência.

A insônia nos adultos e nos adolescentes, mas sobretudo nas crianças, sempre denota moléstia orgânica ou perturbação de natureza psíquica que requerem cuidados especiais, porém nunca o uso de tranquilizantes ou hipnóticos que podem provocar dependência, além de produzirem profundas depressões.

Distrações

Também fazem parte dos recursos necessários à mantença do equilíbrio orgânico, como reflexos vindos do campo da vida psíquica.

São derivativos para as pressões exercidas, nas lutas da vida, pelas inquietações, temores, cansaço, tristeza, desânimo, etc., que tão perniciosas influências exercem sobre o Espírito, com a agravante, ainda, de abrirem portas às influenciações do plano invisível.

Todavia, não são todas as distrações que servem ao espírita interessado no seu problema de renovação moral. Há distrações benéficas como há as extremamente perniciosas; estas são as que despertam ou alimentam os instintos inferiores do personalismo, da brutalidade, da violência, da crueldade, como o boxe, as lutas de arena, as touradas, etc.; as que levam a desgarres da sensualidade, como certos espetáculos, danças e folguedos; tudo isso deve ser eliminado do programa do espírita esclarecido e sensato.

As diversões aconselháveis e úteis são as de aspecto construtivo e elevado, como passeios ao campo, parques e jardins, excursões, visitas a museus e obras de arte, reuniões culturais, concertos musicais, conferências sobre assuntos instrutivos, enfim, tudo quanto dignifique, esclareça e levante o indivíduo para esferas de vida e de sentimentos mais elevados.

Muito importam, também, à mantença do equilíbrio orgânico e à harmonia interna do santuário do espírito, o combate aos vícios, defeitos morais e paixões, próprias do homem encarnado nesses graus inferiores da escala evolutiva, dos quais o nosso orbe faz parte.

Do mesmo citado livro transcrevemos mais os seguintes períodos referentes a esses pontos de relevantes interesses.

Os vícios

Para a defesa e purificação do organismo, é necessário combater rigorosamente os vícios, começando pelos mais comuns que são o fumo, o álcool, a gula e os tóxicos (maconha, éter, ópio, morfina, etc.)

Atualmente, esses vícios se alastram de forma alarmante, envolvendo milhões de pessoas, em sua maioria jovens inexperientes que a vida social moderna, com seus costumes licenciosos e cínicos, empurra para caminhos de perdição.

Jovens de ambos os sexos, nas reuniões de sociedades, fazem alarde ou exibição dos vícios que possuem, como se tal coisa os engrandecesse.

Na sua inconsciência, chafurdam na lama e se vangloriam disso.

O fumo, por exemplo, considerado o mais inocente desses vícios, está sendo adotado pela maioria das mulheres, sendo fabuloso o seu consumo no mundo inteiro e seu uso produz terríveis males, mormente no aparelho nervoso-vegetativo (simpático e vago), dando margem a perturbações tanto mais intensas e profundas quanto mais sensíveis forem as pessoas. Ultimamente, severas advertências vêm sendo feitas por cientistas de todos os países sobre a influência do fumo na produção do câncer. Segundo estatísticas oficiais, em cada quatro pessoas que fumam, uma possui indícios de câncer.

As consequências do fumo afetam também fortemente o perispírito, produzindo uma espécie de entorpecimento psíquico, que continua até mesmo após o desencarne, prolongando o período de inconsciência que, na maioria dos casos, ocorre depois da chamada morte física, como também afeta a cortina de proteção e isolamento existente entre o corpo físico e o perispírito.

E coisas ainda piores sucedem em relação ao vício do álcool, responsável pela degradação moral de milhões de pessoas, em todas as partes do mundo, obrigando governos esclarecidos (como, por exemplo, o da França, ultimamente) a decretar legislação coercitiva a fabricação e uso imoderado do álcool em seu território.

Julgamos completamente desnecessário qualquer comentário a respeito desses vícios e de suas diferentes sintomatologias, que oscilam entre a euforia e o coma, visto ser assunto por demais conhecido.

Não importa o que digam uns e outros, inclusive pessoas de ciência, defendendo esses vícios, alegando não serem tão perniciosos como parecem: os que os defendem são também viciados em maior ou menor grau e, portanto, suspeitos no caso.

Os espíritas, se realmente desejam evoluir e, já que a evolução não se conquista sem pureza de corpo e de espírito, devem combater e eliminar de si mesmos esses vícios, libertando-se deles definitivamente. Não pode haver pureza de corpo ou de sentimentos em pessoas que se entregam a vícios repugnantes e perniciosos, praticando, assim, um suicídio lento, na mais lamentável negligência moral.

Por outro lado, é preciso não esquecer que o viciado é assediado e dominado por Espíritos inferiores desencarnados, mesmo quando não maléficos, mas, da mesma forma, viciados e que, não possuindo mais o corpo físico, atuam sobre eles e, por seu intermédio, se satisfazem, inalando a fumaça dos cigarros ou aspirando, deliciados, os vapores do álcool.

Há milhões de pessoas, no mundo inteiro, que vivem assim escravizadas pelos Espíritos inferiores e utilizadas por estes como instrumentos passivos, submissos e cegos de seus próprios vícios e paixões.

André Luiz, em sua obra *Nos Domínios da Mediunidade*, descreve uma cena de botequim, mostrando como alguns Espíritos desencarnados, junto de fumantes e bebedores, com triste feição, se demoravam expectantes.

Alguns sorviam as baforadas de fumo arremessadas ao ar, ainda aquecidas pelo calor dos pulmões que as expulsavam, nisso encontrando alegria e alimento.

Outros aspiravam o hálito de alcoólatras impenitentes.

Defeitos morais e paixões

A batalha moral contra os defeitos e as paixões deve ser igualmente encetada pelos espíritas sem vacilações e temores, sendo certo que desde os primeiros passos serão fortemente apoiados pelos benfeitores espirituais, que sempre estão atentos, aguardando que tão salutares e imperiosas resoluções surjam e tomem consistência no Espírito dos seus protegidos, entes amados que eles, os benfeitores, assumiram o compromisso de assistir e proteger durante a encarnação.

Antes de encetar a luta contra os defeitos e as paixões tão comuns ao homem inferior, como sejam, o orgulho, o egoísmo, a sensualidade, a hipocrisia, a avareza, a crueldade, e outros – é necessário que cada um faça um programa individual de ação, examine a influência que cada defeito ou paixão exerce sobre si mesmo e em seguida inicie a repressão com confiança e disposição de lutar sem desfalecimentos, até o fim; assim procedendo, logo aos primeiros passos, verá que o apoio recebido do Alto é muito importante e que a vitória está, desde o princípio, em suas próprias mãos.

CAPÍTULO 4

A ENERGIA CÓSMICA

1) Matéria, Energia, Espírito

Na criação universal, a vida se manifesta sob três aspectos, cujas limitações desconhecemos: como Matéria, representada pela Forma; como Energia, representada pelo Movimento, e como Espírito, representado pela Inteligência-Sentimento.

O Espírito, utilizando-se da Energia, age sobre a Matéria, provocando reações e transformações de inúmeros aspectos e naturezas.

A Matéria, em si mesma, nada mais é que Energia "condensada" a vários graus, e todas as transformações que nela se operam são resultados dessa interferência do elemento Espírito, que sobre ela projeta correntes vibratórias mais rápidas, finas e elevadas, que a desagregam ou modificam.

A Energia está sempre em movimento, condensando-se ou expandindo-se, formando correntes no seio da massa; no caso dos passes, o mesmo fenômeno se dá: o operador projeta correntes de fluidos mais finos e poderosos, que provocam transformações no movimento específico dos agrupamentos celulares do corpo denso ou do perispírito.

Toda vez que uma corrente de energia, acionada por um operador inteligente, interfere em um campo da matéria, surgem limitações, resistências locais; forma-se uma cadeia de fenômenos decorrentes, dos mais variados aspectos e consequências.

Assim, uma resistência oposta a uma corrente elétrica, dá origem ao calor e à luz; a interferência sobre uma corda de violino suficientemente tensa produz som, etc.

O corpo humano tem um ponto certo de equilíbrio, de estabilidade, e qualquer interferência do Espírito que o anima ou de forças ou entidades do ambiente exterior, produz alterações, distorções, desarmonias, distúrbios, moléstias.

2) Absorção

A energia cósmica tem muitos nomes, manifesta-se de muitas formas, conquanto seja sempre a mesma, em essência e fundo: **akasa**, para os hindus; **aôr**, para os hebreus; **telesma**, para os hermetistas; **azoth**, para os alquimistas; força ódica de Reichembach, força psíquica de Crookes, fluido mesmérico, fluido vital, prana, fluido universal, eletricidade, enfim, como quer que se chame, é sempre o mesmo fluido cósmico fundamental, do qual uma das manifestações mais úteis e poderosas é o magnetismo, visto que pode ser utilizado em forma simples e acessível aos homens, na cura de moléstias.

Como já vimos, a absorção dessa força, pelo corpo humano, é realizada pelo aparelho respiratório, pela pele e pelos alimentos que vão ter ao sistema digestório.[6]

Podemos aumentar essa absorção:

a) Praticando exercícios respiratórios.

Os processos mais aconselháveis são os de respiração profunda, que se praticam da seguinte forma:

— deitado, sentado ou de pé, aspirar o ar pelo nariz, empurrando o diafragma para baixo e procurando recolher o ventre para que, assim, o ar penetre amplamente no pulmão, inclusive em seus lóbulos superiores; contar até cinco.

— reter o ar nos pulmões, contando, da mesma forma, até cinco.

— soltar o ar lentamente pela boca, contando o mesmo tempo e procurando esvaziar os pulmões completamente.

— reter os pulmões vazios durante o mesmo período de tempo e recomeçar, como no princípio.

— em todas as fases, procurar aumentar, gradativamente, o tempo dos movimentos e das pausas.

Esse exercício aumenta grandemente a capacidade torácica e, em consequência, a quantidade de ar que os pulmões recebem em cada movimento respiratório.

---

[6] A parte da absorção que se dá no corpo perispiritual, pelos centros de força, já foi estudada à página 48.

Por outro lado, o exercício fortalece os pulmões, torna-os mais elásticos e leva o ar a todos os alvéolos, promovendo verdadeiro saneamento, pela ação do oxigênio e imunizando-os de moléstias infecciosas próprias desse órgão.

Se sobrevierem tonturas (excesso de oxigênio), basta reduzir o tempo da primeira fase.

b) Selecionando os alimentos com prevalência de vegetais e frutas.

c) Mantendo a pele em perfeitas condições de limpeza, flexibilidade e arejamento.

d) Captação da energia pela evocação e pela prece, diretamente do reservatório universal.

— concentração, solicitando o auxílio dos bons Espíritos.

— evocação das forças cósmicas, do alento divino que transita, imanente, por toda a criação.

— levantamento dos braços verticalmente, aos lados da cabeça, durante a evocação, para a captação da força e, nessa posição, permanecer enquanto sentir a descida da Energia por eles?

À medida que os exercícios forem feitos e o tempo transcorrer, se verá que cada dia se torna mais sensível e evidente a descida da força pelos braços, seu giro pelo corpo e sua volta pelo mesmo caminho, para o espaço ambiente.

Tão apto fica o indivíduo, com o correr do tempo, na captação da força cósmica, que lhe bastará, a qualquer hora e em qualquer lugar, levantar os braços para que por eles desçam as energias reparadoras, com facilidade e presteza.

3) Constatação

O fluido magnético é de natureza tão evidente e objetiva que pode ser visto, por videntes, atravessando em ondulações luminosas, a aura das pessoas e projetando-se para fora do corpo somático.

Apresentando-se a um vidente espontâneo duas vasilhas contendo água, uma magnetizada, outra não, ele apontará logo a magnetizada, não só por causa dessa luminosidade a que nos referimos, como também porque, em certos casos, a água fica leitosa ou entra em efervescência.

Outra constatação muito simples é colocar um pêndulo ou um anel na ponta de um fio e mantê-lo na vertical, seguro pelos dedos indicador e polegar; o operador passa então a atuar sobre o objeto pendurado, dando-lhe ordens mentais para que balance para a direita, para a esquerda, em círculo, pare, recomece, etc., e ver-se-á que o objeto obedece prontamente às ordens dadas segundo, é claro, a capacidade mental do operador.

Nesses casos, o que sucede é que a corrente fluídica, impulsionada pela vontade do operador, flui pelo braço, mãos e dedos, desce pelo fio e transita pelo objeto pendurado, arrastando este no seu próprio impulso.

Tanto nesses como nos casos de radiestesia, o fenômeno é sempre o mesmo: o fluido magnético, formando uma corrente e arrastando com ela os objetos intermediários: pêndulos, varinhas mágicas, etc., na direção de uma massa atrativa (água, metais do subsolo, etc.), que formam polos opostos à mente do operador.

No caso dos passes, a corrente é formada pelas mãos do operador e o fluido deve transitar pelas partes doentes.

CAPÍTULO 5

TONALIDADE VIBRATÓRIA DO CORPO FÍSICO

A energia, condensando-se para criar a forma, assume inúmeras modalidades e aspectos; ao atingir seu ponto máximo de involução, quando o impulso inicial, encontrando resistência, estaca na descensão, eis que surge a forma, se estabiliza e, ao mesmo tempo, adquire uma tensão potencial própria do estado material a que chegou; cada estado ou grau de condensação possui uma tonalidade especial, fundamental; ao estacionar, a massa de energia condensada passa a vibrar na sua característica própria, de forma, de tom, de cor e de luz.

Nos corpos simples, essa tonalidade é uniforme, uníssona mas, nos compostos, resulta do amálgama de todas as tonalidades parciais, pertencentes aos diversos elementos individuais que formam o conjunto.

Assim, como há uma tonalidade musical característica de cada grau vibratório numa determinada escala, há também uma tonalidade fisiológica característica de cada ser orgânico e inorgânico.

No corpo físico do homem ou do animal, cada célula, órgão, aparelho ou sistema, possui sua tonalidade própria e o conjunto de todas elas, amalgamadas, fundidas numa só, forma a tonalidade individual orgânica. Como o corpo é formado, segundo dissemos, de células vivas, inteligentes e especializadas que, por afinidades, se agrupam para formar órgãos, aparelhos e sistemas, cada um possuindo sua tonalidade vibratória individual, o conjunto de todas essas vibrações é uma verdadeira e maravilhosa orquestração, em que o ouvido apurado do Espírito evoluído distingue e separa os sons parciais, os regionais e, por fim, a harmonia total, característica do conjunto.

Nesse particular, o conhecimento desses detalhes e a experimentação poderão levar, com o tempo, à construção de uma máquina ou aparelho eletrônico, semelhante, por exemplo, a uma balança romana, sobre a qual as pessoas subiriam para que, em seguida, uma campainha soasse, em som mais agudo ou mais grave e um ponteiro indicasse automaticamente sua tonalidade vibratória. Construir-se-ia assim uma escala de tonalidades individuais, ou de valores psíquicos, que determinariam o grau de elevação ou pureza vibratória de cada um.

André Luiz, em sua obra *Nos Domínios da Mediunidade*, se refere a um instrumento denominado "psicoscópio", destinado à demonstração da alma com o poder de definir-lhe as vibrações.

E assim, como sucede no corpo humano, que estamos citando como exemplo, e que é um universo em miniatura, também sucede no macrocosmo, no conjunto universal da criação, no qual cada corpo celeste possui sua tonalidade própria, que concorre à formação da tonalidade global do sistema planetário a que pertence.

Na criação de Deus tudo é som, luz, cor e movimento e tudo resulta das inúmeras transformações que a todo instante ocorrem nos setores do Espírito, da Energia e da Matéria.

A tonalidade individual corresponde a determinada tensão vibratória funcional que se modifica com excessos, vícios e desenfreios passionais; e essas alterações podem ser bruscas ou lentas, de efeitos imediatos ou remotos, produzindo moléstias agudas ou crônicas.

Esse desequilíbrio vibratório interno desajusta também o indivíduo em relação ao ambiente exterior, causando-lhe perturbações mais ou menos sérias que, às vezes, se tornam mesmo incompreensíveis.

O tratamento pelos passes visa, justamente, promover o reajustamento do equilíbrio interno e externo, provocando no organismo as reações necessárias, de acordo com as leis da própria natureza, sem violências ou forçamentos.

A saúde resulta da sintonia vibratória entre órgãos e sistemas internos do organismo, bem como deste com o meio ambiente, pelo jogo ininterrupto das absorções e eliminações, condensações e dispersões da energia vital.

Nas moléstias compulsórias, isto é, nas necessárias a resgates cármicos, esses desequilíbrios provêm, comumente, da interferência de agentes do plano invisível e nenhum tratamento produzirá outro efeito que ligeiras e provisórias atenuações.

Já estudamos o ser humano como um organismo celular dinâmico.

É uma unidade vibratória que absorve e emite radiações diferentes:

1) Físicas: calor, magnetismo, luz.

2) Psíquicas: ondas vitais, essenciais, pensamentos, ideias, desejos, etc.

Tudo isso age e reage sobre outros seres, influenciando-os em sua vontade, sentimentos, pensamentos e atos. E tudo se reflete na radiação tonal, na aura individual, criando atmosfera boa ou má, atrativa ou repulsiva.

As afinidades vibratórias é que regulam esse intercâmbio de dar e receber, no plano invisível, forças e fluidos.

É essencial, por isso, uma aura limpa e pura para só se atrair e emitir coisas boas e elevadas.

CAPÍTULO 6

MEDICAMENTOS E PROCESSOS DE CURA

Como vimos atrás, a força que mantém a vida orgânica é captada no exterior e o Espírito vai utilizando-se dela na medida das necessidades, concentrando-a, dispersando-a aqui e ali, sempre com o fito de manter o equilíbrio e a tonalidade do corpo.

Vimos também que o magnetismo é uma das manifestações dessa força e que, aplicado sobre o corpo humano sob a forma de passes, aumenta-lhe o cabedal dessa energia vital, restabelecendo, em certos casos, o equilíbrio funcional, a tensão vibratória e a tonalidade orgânicos.

Mas, infelizmente, a medicina oficial desprezou esse elemento de cura e sempre caminhou em rumo diferente, preferindo introduzir no organismo medicamentos em doses maciças.

Essas drogas dificilmente se tornam assimiláveis e, para evitar que se depositem nos órgãos, para mantê-las em suspensão e poder expulsá-las, o organismo realiza um esforço tremendo, que se torna ainda maior quando a introdução é feita pelos músculos e pelas veias, sobrecarregando diversos órgãos: fígado, rins, intestinos, pele, etc., destinados à classificação, seleção e eliminação natural e espontânea dos alimentos e resíduos tóxicos, órgãos esses que são verdadeiras sentinelas postas à defesa do corpo.

Se em certos casos essas drogas dão bons resultados, como, por exemplo, vacinas, com a formação de anticorpos, na maioria deles, intoxica.

Quanto mais evolui e se torna sensível, tanto mais o indivíduo sofre os efeitos dessas drogas, que produzem quase sempre intoxicações mais ou menos graves; e tanto mais também se acentuam as idiossincrasias contra tais medicamentos, que obrigam o organismo a repetidos e dolorosos processos de eliminação batizados de moléstias, hoje em dia acrescidos pela medicina com o extenso e pitoresco rol das misteriosas alergias, que muito frequentemente são modalidades de eliminação.

O medicamento é também massa de energia condensada e sua introdução no organismo, em doses maciças, naturalmente produzirá perturbações vibratórias das mais variadas naturezas.

Neste particular, os espíritas já estão mais evoluídos porque, em geral, adotam a homeopatia, terapêutica puramente dinâmica, que dosa e regula de forma hábil o agente vibratório a introduzir no organismo e, assim, provoca reações controladas, compatíveis com as resistências orgânicas e não capazes de produzir desequilíbrios funcionais.

A regra áurea das curas foi ditada por Hipócrates, na Grécia, uns quatro séculos antes de Cristo, e assim formulada no latim: "Natura medicatrix, quo maxime vergunt eo ducenda per loco convenientia" que se traduz por: "A Natureza cura, mas seus efeitos devem ser sustentados, auxiliados e dirigidos convenientemente".

Há alguns ramos do conhecimento médico que seguem a regra, podendo-se citar, entre eles, a fisioterapia (cura pela água, pelo calor, pela dieta, por correntes elétricas, raios e ondas sonoras, etc.), e também o magnetismo que, dos agentes naturais conhecidos, é um dos mais eficientes e acessíveis.

Desde sempre a medicina vem estudando e experimentando uma série interminável de processos, teorias e sistemas de cura, sendo certo que atingiu hoje um estado de puro ceticismo, no qual os médicos já não adotam mais "escolas" fixas e irredutíveis; são livres atiradores que lançam mão de tudo aquilo que vai surgindo como panaceias químicas e novidades maravilhosas, sempre em busca do ideal que jamais atingiram.

Agora, deste ponto, é necessário que os cientistas voltem, rememorem o caminho percorrido, não isento, aliás, de grande mérito e compreendam que o problema, sendo de fundo espiritual-dinâmico, não pode ser resolvido por inoculações sistemáticas de drogas químicas; estudem os fundamentos da criação universal e considerem que somente levando em conta a existência da tríade Espírito-Energia-Matéria, poderão penetrar o problema e encontrar para ele solução adequada.

Esta foi, aliás, a missão de Freud que, infelizmente, não penetrou no âmago do problema, deixando de considerar o elemento "Espírito" como fator fundamental.

Três etapas importantes já foram transpostas pela medicina oficial:

1) a descoberta dos micróbios por Pasteur;

2) a imunologia, teorizada por Herlich;

3) os antibióticos, vulgarizados por Fleming.

Todas se aproximando, cada vez mais, dos fatores imponderáveis.

Numa etapa mais avançada, o Espiritismo virá a ser de grande auxílio, explicando a origem e a causa das moléstias, classificando-as convenientemente e demonstrando suas ligações e dependências com as falhas morais do Espírito humano, próprias, aliás, das etapas primárias de sua evolução em mundos inferiores, dos quais este nosso planeta é um expressivo exemplo.

CAPÍTULO 7

MOLÉSTIAS NÃO CURÁVEIS E CURÁVEIS

Os homens, em grande número, são doentes e andam em busca de saúde.

Todos sofrem seus males e se afadigam por uma cura que, na maioria dos casos, não obtêm.

As enfermidades são multiformes, e indivíduos há que são enfermos toda a vida e se desesperam com tal suplício.

Os consultórios médicos e os hospitais estão sempre repletos e quando os doentes, após desenganos dolorosos, perdem a fé na medicina oficial, voltam-se para suas crenças religiosas e passam a realizar atos piedosos e a oferecer promessas e votos aos santos de sua predileção.

E quando, mesmo assim, não são satisfeitos, então desorientam-se, atemorizam-se e não se pejam de recorrer a charlatães e curandeiros, tudo nessa ânsia incontida de restabelecimento.

Isso é humano e natural, mas demonstra falta de conhecimento dos verdadeiros aspectos da questão: das causas e dos efeitos ligados à existência desses males.

O Espiritismo o esclarece suficientemente e, quando não pode oferecer uma cura radical, permite, todavia, que o Espírito fatigado repouse no seu sofrimento, console-se e se revista de resignação para suportar, com superioridade moral, sua provação.

Esse apaziguamento vem da compreensão das seguintes verdades: as primeiras possuem um fundo mais íntimo e estão sempre ligadas ao panorama cármico individual, isto é, ao pagamento de dívidas do passado; as segundas são meras circunstâncias ocasionais, não radicadas a vidas anteriores; desajustes passageiros do metabolismo orgânico, por efeito de transgressões atuais.

De qualquer forma, o culpado é sempre o indivíduo, sendo que as primeiras são imperativas, advêm da necessidade da própria evolução do Espírito, ao passo que as segundas podem existir ou deixar de existir, conforme o indivíduo cometa ou não as referidas transgressões contra a harmonia funcional da natureza física.

Dizendo melhor: umas moléstias são do Espírito, outras são do corpo, as primeiras representando os reflexos exteriores das imperfeições internas e sendo ao mesmo tempo o processo normal e justo da reabilitação, enquanto as segundas são simples reajustes passageiros.

Esse reajuste, que se realiza no plano material, opera no espiritual os efeitos necessários ao progresso moral do indivíduo.

Pode-se dizer que o corpo queima para que o Espírito se purifique.

Como todo esse processo provoca sofrimento, a medicina se esforça por debelá-lo e nisso existe, realmente, um profundo sentimento de humanidade; mas esse esforço não consegue, como não tem conseguido em muitos séculos, êxito integral porque não poderia, naturalmente, deter o desenvolvimento da lei espiritual; anular a moléstia que, como já dissemos, é uma contingência imperativa da própria imperfeição do Espírito e, ao mesmo tempo, o processo natural de seu reequilíbrio.

No estado atual da evolução humana, e nas moléstias cármicas, os resultados da medicina, portanto, serão sempre relativos e precários, limitando-se a atenuar o sofrimento físico com acalmia da dor e a ligeiras modificações no que respeita aos aspectos e consequências da moléstia.

Porém, nas enfermidades da segunda espécie aqui classificada – distúrbios por efeito de transgressões momentâneas – terá a medicina um campo vasto de realizações e sucessos.

Disso se conclui que, neste particular, como em tudo mais, as leis espirituais erguem barreiras, no momento intransponíveis às possibilidades humanas; e outra coisa não se poderia esperar porque, então, veríamos o absurdo de o homem ter poderes, em caráter normal, para desviar ou alterar o curso natural da justiça cármica anulando, sem embargo da pureza de suas intenções, o processo divino de reabilitação do próprio Espírito.

Como muito bem diz o guia Emmanuel: "As chagas da alma se manifestam através do envoltório humano e o corpo doente reflete o panorama interior do Espírito enfermo".

As curas, portanto, não se podem dar a não ser quando o processo reabilitador chega a seu termo, ou quando ocorrem circunstâncias excepcionais como, por exemplo, atos profundos de fé ou abnegação, desprendimento ou sacrifício, em face dos quais a Providência, sem denegar a lei, demonstra, como tem demonstrado a infinita misericórdia de Deus.

Compreendido isto, é certo que o doente sossegará no seu afadigamento, pela humildade; resignar-se-á ao seu destino e passará a esforçar-se pela purificação do próprio Espírito já que neste, e não no corpo material, é que reside a causa de seus sofrimentos.

Em todos os casos de resgates cármicos (pagamento de dívidas do passado) os defeitos físicos e as moléstias são previstos, constam do programa encarnativo do indivíduo e, conquanto haja manifestações anatômicas ou fisiológicas comuns, o fundo é sempre espiritual e as perturbações são controladas por agentes do plano invisível; e quanto à sua cura, como já dissemos, fica dependendo do término do resgate ou da misericórdia de Deus; todavia, quando o resgate chega a seu termo ou quando outro qualquer motivo ponderável determina sua cessação, os mesmos agentes intervêm e o doente é conduzido ao estado de boa saúde que, então, se opera com facilidade e rapidez, por quaisquer processos.

Por outro lado, todas as moléstias são de natureza dinâmica, (alterações do ritmo vibratório funcional), seja quando provocadas pelo próprio indivíduo ou quando devidas a interferências de agentes do plano invisível.

Neste quadro deixamos de considerar, é claro, as moléstias próprias da velhice, que nem sempre representam anormalidades, mas, simplesmente, disfunções e alterações naturais e próprias do apagar das luzes nesta vida, para o regresso ao lar espiritual.

Nossas faculdades físicas ou morais se esgotam e degeneram nos excessos dos prazeres efêmeros, nos vícios e nas paixões inferiores e, para conservá-las, mantendo o corpo em boas condições, é necessário vida limpa, hábitos de pureza, regime espiritual conveniente.

O corpo é o templo do Espírito e somos responsáveis pela sua conservação e integridade; cometemos suicídio mesmo quando, inconscientemente, lhe negamos os elementos de que carece para viver em boas condições, ou quando o submetemos a excessos de qualquer natureza.

Para podermos executar a tarefa que trouxemos nesta encarnação, precisamos desse maravilhoso instrumento que, ao mesmo tempo que agasalha, nos permite todas as manifestações necessárias à vida no plano material; sem ele, não poderemos agir nem evoluir, no atual estado em que nos encontramos.

Mesmo nos casos já citados, de corpo enfermiço para efeito de resgates indispensáveis, ainda assim devemos zelar pela sua conservação, fazendo com que ele dure até o máximo previsto no programa individual, para que todas as tarefas e experiências possam ser executadas até o fim.

CAPÍTULO 8

ESTUDO DOS FLUIDOS

Originariamente, emprega-se o termo "fluido" para designar a força operante das curas, nos tratamentos pelos passes e nas operações mediúnicas, como também para todas as formas de influenciação psíquica exterior sobre indivíduos, em presença ou a distância, em quaisquer circunstâncias e, ainda, nos casos dos fenômenos provocados como, por exemplo, nos trabalhos comuns de efeitos físicos.

Realmente as influências em geral podem ser físicas ou psíquicas, sendo as primeiras, justamente, as que ocorrem por influência dos fluidos, enquanto as últimas são do campo, também bastante vasto, dos agentes telepáticos, isto é, dos que operam as transmissões de ideias, pensamentos, impulsos, desejos, etc.

O termo **fluido** é genérico e indica as emanações, as radiações físicas ou orgânicas provindas de outras pessoas no ambiente em que se situa o doente, ou de Espíritos desencarnados.

O fluido provindo de uma pessoa encarnada nada mais é que magnetismo humano, emanação de matéria orgânica, força animal existente ou decorrente da atividade das células que formam o corpo físico.

Esse fluido, essa emanação podem ser bons ou maus, benéficos ou perniciosos, segundo a condição física ou moral do emissor, e concorrem a formar as auras individuais.[7]

Essa emissão pode ser voluntária ou involuntária, deliberada ou inconsciente. Um Espírito inferior, desencarnado, pode impregnar as pessoas de fluidos ruins, mórbidos, com sua simples aproximação, mesmo quando não tenha a ideia de fazê-lo e ignore o que está acontecendo.

A contaminação deliberada, muito mais maléfica que a anterior, transmite ao doente não só os próprios fluidos pesados e mórbidos do Espírito inferior, com também o contingente psíquico complementar, representado

---
[7] Vide o Capítulo "Estudo do Perispírito", em *Iniciação Espírita*, Editora Aliança.

pelos maus pensamentos e pelos desejos maléficos do emissor, movimentados pela vontade.

O mau fluido, dotado de vibração pesada e baixa, afeta os centros de força, destes passa aos plexos e ao sistema nervoso, atacando órgãos e produzindo perturbações psicossomáticas de inúmeros aspectos e naturezas.

Há fluidos tão pesados, tão animalizados e impuros que possuem mau cheiro; além do mal que fazem quando se impregnam em nosso perispírito, causam repugnância e agem fortemente sobre os órgãos internos.

Os sensitivos (médiuns), mais que quaisquer outros, estão sujeitos ao recebimento constante desses fluidos e, se não procederem diariamente aos trabalhos de limpeza psíquica, acabarão por se tornarem vítimas crônicas e submissas de graves perturbações provindas da contaminação fluídica.

Os Espíritos obsessores condensam fluidos até torná-los viscosos, fortemente aderentes e com eles envolvem as regiões ou os órgãos que desejam atingir e até mesmo a aura toda da vítima, isolando esta completamente do meio exterior; nesses casos, e não havendo reações da parte desta, nem mesmo os próprios Espíritos protetores podem agir socorrendo.

O passe dissolve esse visco e permite a penetração dos fluidos finos e luminosos que restabelecem as funções orgânicas. O fluido bom, contrariamente, possui vibração elevada e pura que reconforta, estimula e cura as perturbações físicas e morais.

Por isso os médiuns e as pessoas que dão passes não devem ser viciadas no fumo, no álcool, etc. para que, juntamente com seu próprio fluido, não transfiram para os doentes as emanações naturais desses tóxicos, que produzem males inúmeros aos organismos doentes e sensíveis.

Também não devem dar passes quando estiverem doentes, fracos ou intoxicados por excessos de alimentação ou medicamentos, porque, da mesma forma, transferirão para os doentes esses venenos orgânicos.

E, ainda, quando estiverem espiritualmente perturbados, vitimados por encostos[8], obsessões, etc., porque além dos seus fluidos, já de si mesmos prejudiciais, ainda transferirão para o doente os fluidos maus dos Espíritos perturbadores com os quais estejam em contato.

---

[8] Termo popular que, no Brasil, significa "envolvimento leve, inconsciente, por Espíritos não maléficos".

Os médiuns devem se purificar de corpo e Espírito, o mais que lhes for possível, para possuírem fluidos salutares e benéficos, com os quais poderão então efetuar curas verdadeiras.

Por outro lado, devem adotar o hábito de procederem em si mesmos a um trabalho de autolimpeza (conforme já foi dito), para poderem compensar a inferioridade imanente, própria dos nossos corpos de carne, sujeitos a tantas imperfeições e impurezas (vide Autopasse, pág. 118).

Só assim terão êxito em suas tarefas e poderão cumprir a determinação do Divino Mestre quando disse: "Ide e Pregai; socorrei aos aflitos e curai os enfermos em meu nome".

CAPÍTULO 9

CLASSIFICAÇÃO DOS PASSES

Quanto à origem dos fluidos administrados durante o tratamento espiritual, podemos dividir os passes em dois grupos: materiais e espirituais.

1.1) Passes Materiais (Magnéticos)

São os aplicados pelos operadores encarnados, que a isso se dedicam, mesmo não sendo médiuns.

Consistem na transmissão, pelas mãos ou pelo sopro, de fluido animal do corpo físico do operador para o do doente. Sendo a maior parte das moléstias desequilíbrios do ritmo normal das correntes vitais do organismo, os passes materiais tendem a normalizar esse ritmo ou despertar as energias dormentes, recolocando-as em circulação.

Podem ser aplicados por qualquer pessoa e até mesmo por materialistas, desde que possuam os conhecimentos necessários e capacidade de doar fluidos.

Obedecem a uma técnica determinada e, feitos empiricamente, por pessoa ignorante, tornam-se prejudiciais, produzindo perturbações de várias naturezas.

Assim como sucede com toda terapêutica natural, os resultados do tratamento quase nunca são imediatos; muitas vezes só aparecem após prolongadas aplicações e perseverante esforço, antecedidos por crises mais ou menos intensas, e quase sempre de aspectos imprevisíveis.

Nessa exposição, os passes se aplicam nas ajudas materiais, durante as quais, em muitos casos, os médiuns, sem perceber, doam também ectoplasma.

1.2) Passes Espirituais

São os realizados pelos Espíritos desencarnados, por meio de médiuns, ou diretamente sobre o perispírito dos enfermos; o que se transfere para o necessitado não são mais fluidos animais de encarnados, mas outros, mais finos e mais puros do próprio Espírito operante, ou dos planos invisíveis, captados no momento.

Os espíritas normalmente utilizam pouco as ajudas materiais, da primeira categoria, que concernem mais aos magnetizadores profissionais, e aplicam mais amplamente os passes espirituais, com auxílio dos Espíritos e que, por falta de conhecimentos adequados, não levam em conta as diferenças que existem entre essas duas modalidades citadas.

Poder-se-ia argumentar que a divisão proposta não é correta, porque em qualquer dos casos, o passe é sempre magnético, existindo somente uma diferença de qualidade no fluido transmitido; isso em parte é verdade e é justamente a existência dessa diferença que nos permite, para melhor apresentação do assunto, fazer a divisão referida.

Sabemos que, realmente, no fundo só se trata do mesmo fluido cósmico fundamental que, como já vimos, recebeu muitos nomes; tanto o Espírito encarnado, no primeiro caso, como o desencarnado, no segundo, ambos doam fluidos que lhe são próprios; mas não sabemos distinguir os diferentes graus de suas manifestações e isso também justifica a divisão que propusemos atrás.

Todavia, note-se que nos passes espirituais, o Espírito transmite uma combinação de fluidos, inclusive emanações de sua própria aura e o poderoso influxo de sua mente, elementos estes que, quando o Espírito é de elevada categoria, possui grande poder curativo, muito diferente e muito melhor que o que possui o magnetizador encarnado.

> **Para todos os efeitos, fica estabelecido que os passes magnéticos se referem às curas materiais, e os espirituais, às perturbações de origem ou fundo espiritual.**

Quanto à quantidade de doentes atendidos simultaneamente, os passes podem ser classificados em: individuais e coletivos.

2.1) Passes Individuais

Quando as aplicações são feitas para cada atendido individualmente. Os passes padronizados são deste tipo.

2.2) Passes Coletivos

Quando o número de passistas é insuficiente para atender a todos os frequentadores individualmente, pode-se lançar mão desse recurso como uma medida de emergência.

Realiza-se esse trabalho com o diretor, após a prece e a preleção evangélica, pedindo a todos os passistas presentes que doem fluidos aos trabalhadores do plano espiritual e mentalizem as aplicações dos passes necessários a cada paciente.

Quanto ao método empregado, os passes podem ainda ser classificados em: padronizados e livres.

3.1) Passes Padronizados

Esses passes foram estudados e recomendados tendo-se em vista: a) as casas espíritas de grande movimento, onde haja necessidade de atender público numeroso, quando os passes comuns livres, feitos de forma pessoal pelos médiuns ou Espíritos desencarnados, não encontram possibilidades de aplicação; b) a multiplicidade de maneiras de fazê-los, sendo alguns ineficientes, outros contraproducentes, outros espetaculares ou mesmo ridículos, outros muitas vezes ofensivos a certos pundonores, sobretudo femininos, tudo como resultado do despreparo individual, da ignorância ou do misticismo exagerado daqueles que os aplicam.

Os passes padronizados corrigem e evitam tudo isso.

Não há necessidade de incorporação de Espíritos para esses passes, conquanto esta possa haver ou deixar de haver sem que os resultados sejam alterados, porque estes dependem mais que tudo da natureza, da qualidade e da judiciosidade da aplicação dos fluidos postos em movimento nos dois Planos.

Em trabalhos bem organizados, com equipes bem adestradas, eis como os passes se realizam sem incorporação: a) no **Plano Espiritual** o ambiente é preparado previamente, ficando saturado de fluidos curadores, quase sempre coloridos (verde, azul, etc.), e os operadores secundam e reforçam com fluidos próprios ou energias do seu ambiente (cósmicas ou naturais) as aplicações a serem feitas pelos médiuns, conforme se tornem necessárias, suprindo sempre as faltas porventura existentes. Esses fluidos e energias são projetados por meio dos médiuns ou diretamente sobre os doentes. Em casos isolados individuais, fora do atendimento geral, quando desejam utilizar os médiuns para incorporações, os Espíritos ou se restringem à padronização vigente ou aplicam os passes como o desejarem; b) no **Plano Material**: no ambiente já saturado de fluidos curadores, os médiuns aplicam sobre o doente um caudal formado pelos seus próprios fluidos, mais as energias captadas pelas mãos, mais as recebidas pelos chacras, sobretudo o esplênico, mais os fluidos e energias transmitidos pelos operadores espirituais e ainda todos os recursos que conseguirem obter por simples indução.

3.2) Passes Livres

Aplicados sem método, com cada passista agindo a seu modo, impossibilitando, assim, o aperfeiçoamento dos trabalhos e, o que é pior, favorecendo a indisciplina e o aparecimento de outros vícios e defeitos mais graves, a influenciar negativamente na transmissão do passe curador.

PARTE B

PRÁTICA

CAPÍTULO 10

O PASSE MAGNÉTICO

A base fundamental dessa aplicação é a formação de uma corrente de fluidos que, partindo do operador, veiculados pelas suas mãos ou pela boca (nos casos do sopro), transmite-se ao corpo doente.

Normalmente o operador estabelece um circuito com as duas mãos, a direita representando o polo positivo e a esquerda o negativo. Nas mulheres a polaridade é variável.

A regra fundamental, para os órgãos internos (vegetativos), é aplicar a mão esquerda no plexo solar (boca do estômago), enquanto a direita se coloca sobre a parte doente, fechando o circuito. Nos casos em que é necessário pôr em movimento o fluido vital dos centros nervosos, a mão esquerda se fixa no centro de força regional, enquanto a mão direita desliza ao longo da coluna vertebral, ou dos membros superiores ou inferiores, levando para esses pontos a corrente de força. Quando se deseja transfundir no organismo do doente energias exteriores, nos casos de fraqueza, exaustão, anemias, etc., atua-se sobre os centros de força a começar pelo básico, para reativar todos os processos vitais.

A ação das mãos do operador não só veicula o fluido animal próprio deste, como também movimenta o fluido do corpo doente e, ainda, as energias exteriores recebidas por meio dos centros de força.

REGRAS GERAIS

a) Os passes longitudinais movimentam os fluidos (foto 1), os transversais os dispersam e os circulares (foto 2) e as imposições de mãos os concentram, o mesmo sucedendo com o sopro quente.

b) Os passes longitudinais, dados ao longo do corpo, de uma região ou de um membro, distribuem aí e movimentam a energia fluídica, mas, quando ultrapassam as extremidades (pés e mãos), descarregam os fluidos.

c) No caso, por exemplo, de uma anquilose[9], é necessário primeiramente concentrar fluidos em grande escala e, depois, fazê-los circular pela região afetada.

d) Na esfera psíquica, esses passes longitudinais produzem adormecimento, desligamento do perispírito (sonambulismo e toda a série de fenômenos decorrentes desses estados). Os desdobramentos, por exemplo, nos médiuns que possuem essa faculdade, são facilmente provocados com esses passes.

e) Toda vez que agimos para cura de moléstia localizada em órgãos internos, a ação inicial deve ser levada ao Vago-Simpático, com a mão esquerda sobre o plexo solar (região do estômago) e a direita no bulbo (região da nuca).

f) Em todos os casos, ter presente que nas curas magnéticas as mãos representam os dois polos – positivo e negativo –, por meio dos quais a corrente eletromagnética flui. Por isso a mão negativa, a esquerda, tanto pode ser posta sobre o solar como sobre o órgão doente, como base, enquanto a positiva, a direita, procura movimentar os fluidos pelos plexos e nervos que comandam a região ou o órgão visado.

g) Ter também presente, nos casos de imposições de mãos, que o lado direito do corpo humano é positivo e o esquerdo é negativo, o primeiro produzindo efeito excitante, e o segundo, sedativo.

h) Na cura magnética, muito raramente é necessário provocar o sono nos doentes.

i) Em todos os casos de aglomerações de fluidos: congestões, pletoras, inflamações, etc., devem ser usados os passes transversais, que dispersam os fluidos e depois os que foram recomendados como complementares.

j) No campo psíquico, esses passes transversais são de "despertamento".

l) Quando se deseja proceder a um estímulo de caráter geral, seja para movimentar (longitudinais), seja para dispersar fluidos (transversais), apli-

---

[9] Anquilose, ou ancilose, é a diminuição ou perda de movimentos em uma articulação natural móvel. (Nota da Editora)

cam-se passes chamados de "grande corrente", processo que consiste em levar a aplicação a todo o corpo, da cabeça aos pés. Eles distribuem uniformemente os fluidos em todo o organismo e normalizam o fluxo das correntes vitais. É dado, ficando o operador a uns 50 ou 60 cm afastado do doente.

m) Para que os passes magnéticos produzam melhor efeito, é necessário que, previamente, o operador estabeleça laços fluídicos de simpatia, solidariedade e confiança entre si e o doente; qualquer sentimento de antipatia, temor ou desconfiança de qualquer deles, impedirá o fluxo natural e espontâneo dos fluidos entre ambos.

EXEMPLO 1
Inflamação dos joelhos.

Diagnóstico primário: acumulação de fluidos no local, que requer dispersão.

Diagnóstico geral: retenção de cristais de uratos nos tecidos e articulações, cuja movimentação produz dores manifestadas pelo doente.

Tratamento: sopro quente para dilatar os capilares e promover circulação mais intensa do sangue no local. Passes transversais para dispersão de fluidos. Passes longitudinais (foto 1) em grande corrente para regularizar a circulação geral dos fluidos no organismo.

EXEMPLO 2
Dores no estômago com náuseas, suores e inapetência.

Diagnóstico primário: falta de fluidos no órgão, que requer passes da segunda categoria citada (concentração).

Diagnóstico geral: espasmos da mucosa, por irregularidades na atividade do vago. Perturbação do sistema vegetativo em geral.

Tratamento: 1º) Passes circulares locais (foto 2); 2º) Sopro quente; 3º) Ação sobre o sistema vegetativo: mão esquerda no plexo solar e mão direita descendo pela coluna vertebral, pelos gânglios do simpático até o plexo sacral ou simplesmente permanecendo na origem do vago, no bulbo; 4º) Passes longitudinais de grande corrente para regularizar a movimentação do fluido em todo o organismo.

Não há regras fixas ou procedimentos padronizados para todos os casos; o tratamento depende, em grande parte, dos conhecimentos que o operador possui de anatomia e fisiologia humanas.

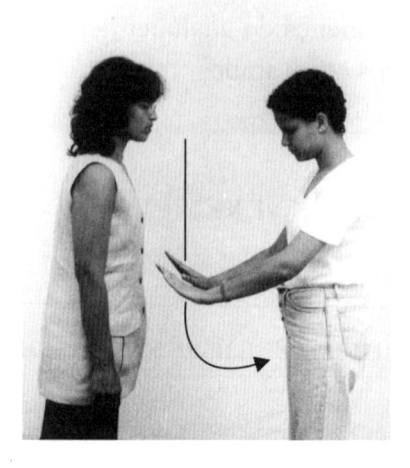

Foto 1 - **Passe Longitudinal.**
Movimenta Fluidos

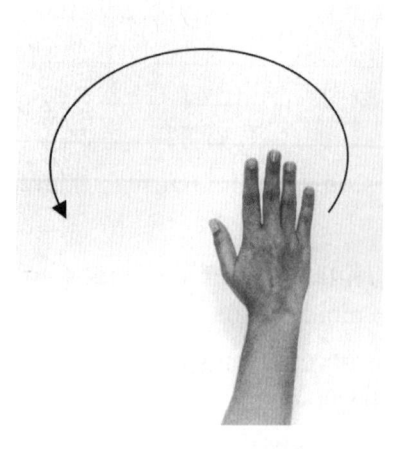

Foto 2 - **Passe Circular.**
Concentra Fluidos

CAPÍTULO 11

OS TRABALHOS PASTEUR

O Espiritismo, para atendimento do povo sofredor, age aplicando processos que lhe são próprios, por meio de médiuns dotados de faculdades curadoras: capacidade espontânea de doação de fluidos magnéticos e de ectoplasma, e teor vibratório suficientemente alto para produzir efeitos benéficos nos organismos doentes.

Nessas curas, os médiuns agem individualmente (quando amplamente capazes) e em grupos, formando correntes cujos membros, mesmo não sendo propriamente médiuns de efeitos físicos, podem oferecer aos Espíritos que agem no Plano Espiritual os elementos de que carecem para as realizações que têm em vista.

O conceito normal para a realização de fenômenos físicos sempre tem sido a presença de médiuns de efeitos físicos, que são os que fornecem os elementos para sua produção, e isto é plenamente certo. Mas no espiritismo religioso, em que a produção de fenômenos não é assunto de maior interesse, a utilização dos médiuns dessa espécie é de grande valor nas curas, nas quais se incluem as operações mediúnicas.

Como os médiuns desta espécie rareiam, e o atendimento dos necessitados não pode sofrer interrupção, desde há vários anos vimos tentando substituir o médium de efeitos físicos, no seu trabalho individual, pelas correntes de cura; em vez de um amplo fornecimento de ectoplasma feito por um só médium, opomos a soma de pequenos fornecimentos feitos por vários médiuns.

Os trabalhos denominados "Pasteur", criados para isso na Federação Espírita do Estado de São Paulo, são uma aplicação do processo e os resultados têm sido bons, conquanto devam ainda sofrer aperfeiçoamentos.

CAPÍTULO 12

PASTEUR 1 E PASTEUR 2

1) Pasteur 1

Destina-se o **Pasteur 1** ao tratamento de perturbações de caráter material, mesmo quando sejam consequências de fluidos, ambientes ou interferência de entidades inferiores.

É aplicado com corrente de mãos, com a participação de no mínimo quatro elementos, além daquele que faz a aplicação. As vibrações são dirigidas ao doente.

Inicialmente, já com a corrente formada, o aplicador ergue os braços para a necessária captação de fluidos destinados às curas (foto 3) e, em seguida, passa ao primeiro tempo que descrevemos a seguir, e o leitor poderá acompanhar por meio das fotografias.

No primeiro tempo a mão esquerda é colocada no alto da cabeça, região do coronário (foto 4); e a direita desce até a base da coluna (região do básico). Dessa forma, fluidos magnéticos curativos e outros agentes complementares são conduzidos ao Sistema Nervoso Central e, ao mesmo tempo, ao Sistema Nervoso Autônomo Simpático.

Em sequência, a mão esquerda desce até o estômago (região do gástrico) e a direita sobe até o bulbo (foto 5), exercendo-se uma ampla ação curativa sobre o Sistema Nervoso Autônomo (Vago-Simpático).

Finalmente, no terceiro tempo a mão esquerda desce até a região púbica (genésico), e a direita é conduzida ao básico (foto 6).

A ação de fluidos magnéticos curativos sobre o genésico é muito importante em virtude da influência que esse centro de força exerce sobre o sistema nervoso em geral.

PASSES E RADIAÇÕES

Foto 3 - **Passe Magnético** - Captação de fluidos. (Pasteur 1 ou 2)

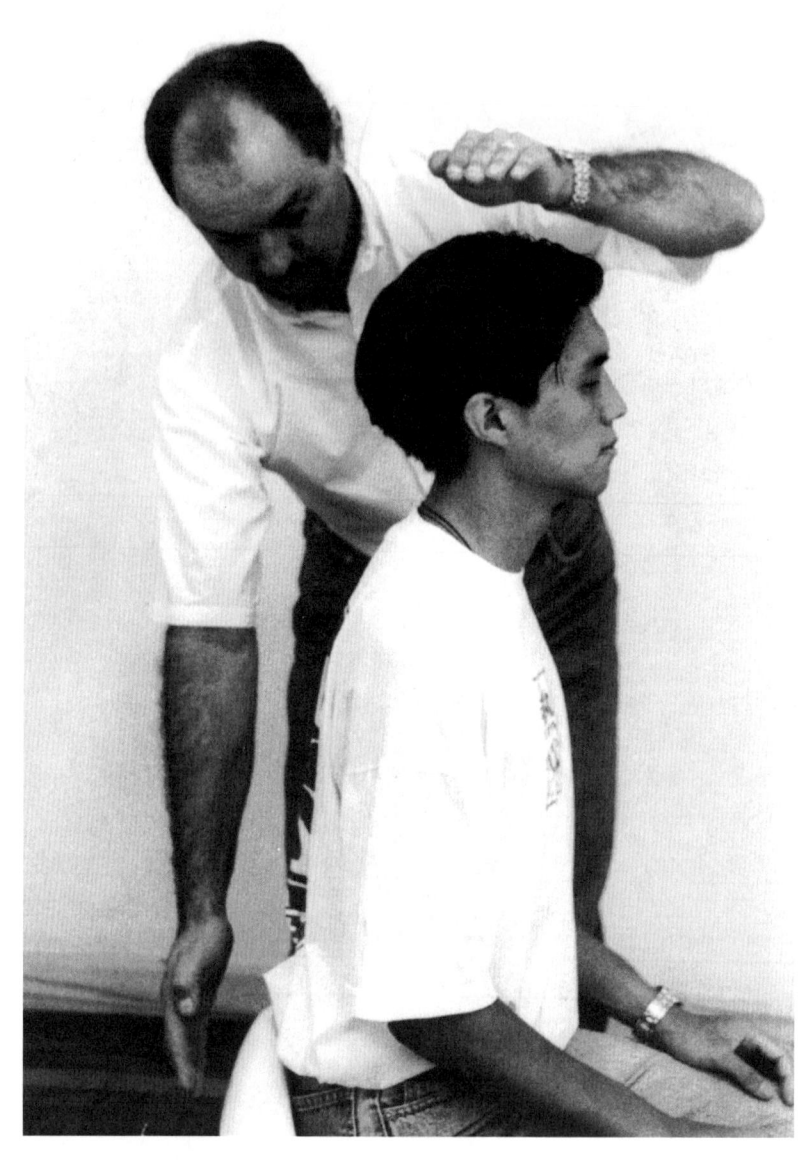

Foto 4 - **Passe Magnético** - Primeiro tempo - atingindo os Sistemas Nervoso Central e Nervosos Autônomo Simpático. (Pasteur 1 ou 2)

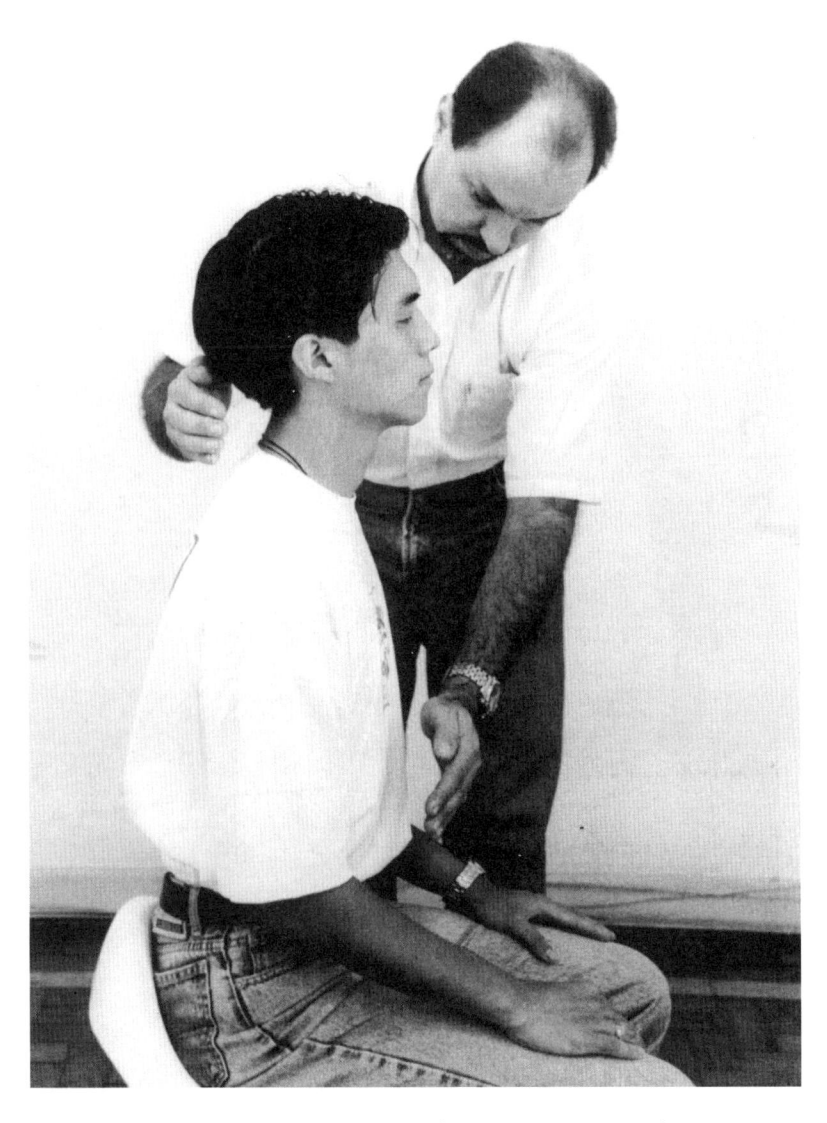

Foto 5 - **Passe Magnético** - Segundo tempo - atingindo o Sistema Nervoso Autônomo (vago-simpático). (Pasteur 1 ou 2)

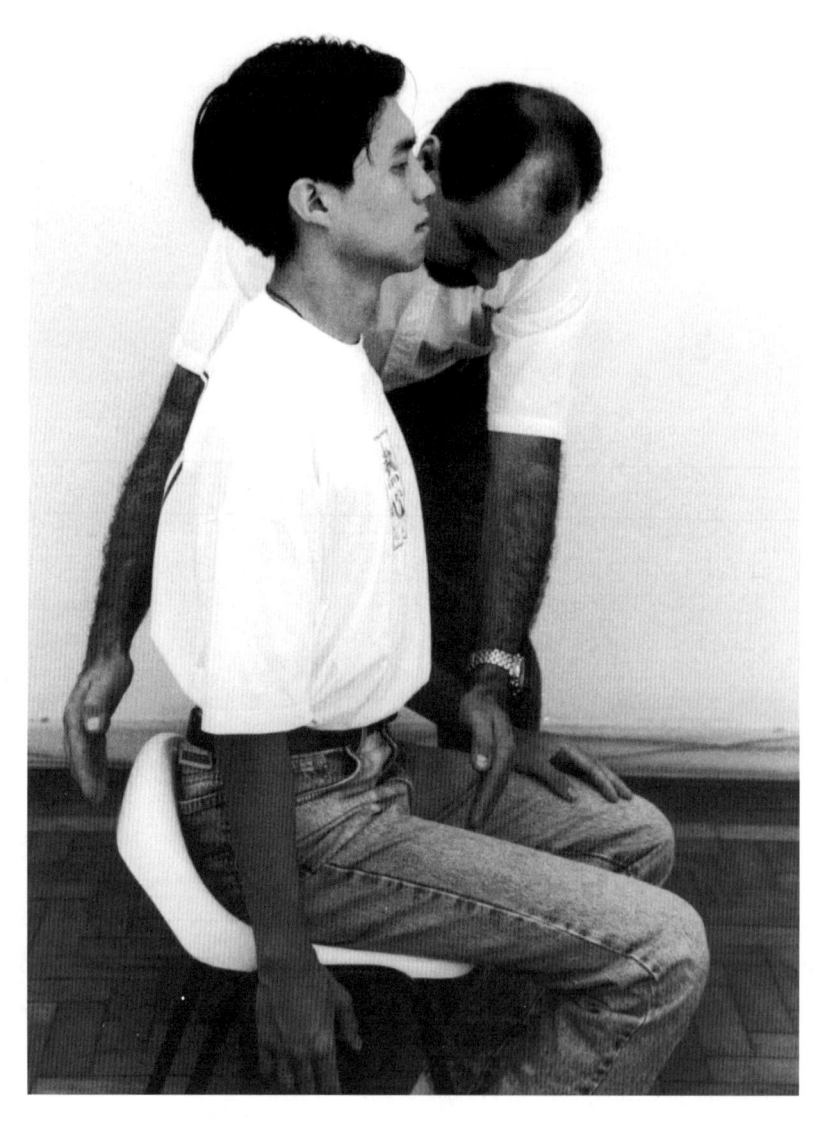

Foto 6 - **Passe Magnético** - Terceiro tempo - Mão direita no básico e esquerda no baixo-ventre. (Pasteur 1 ou 2)

2) Pasteur 2

O P-2 é destinado aos casos de perturbações espirituais (obsessões do 1º, 2º e 3º graus), desde os simples encostos aos casos complexos de vampirismo, simbioses, etc.

Os participantes da corrente de mãos (foto 7) vibram amor pelos obsessores, enquanto o aplicador efetua os três tempos do P-1, para eliminar os reflexos que porventura as perturbações espirituais tenham levado ao organismo físico.

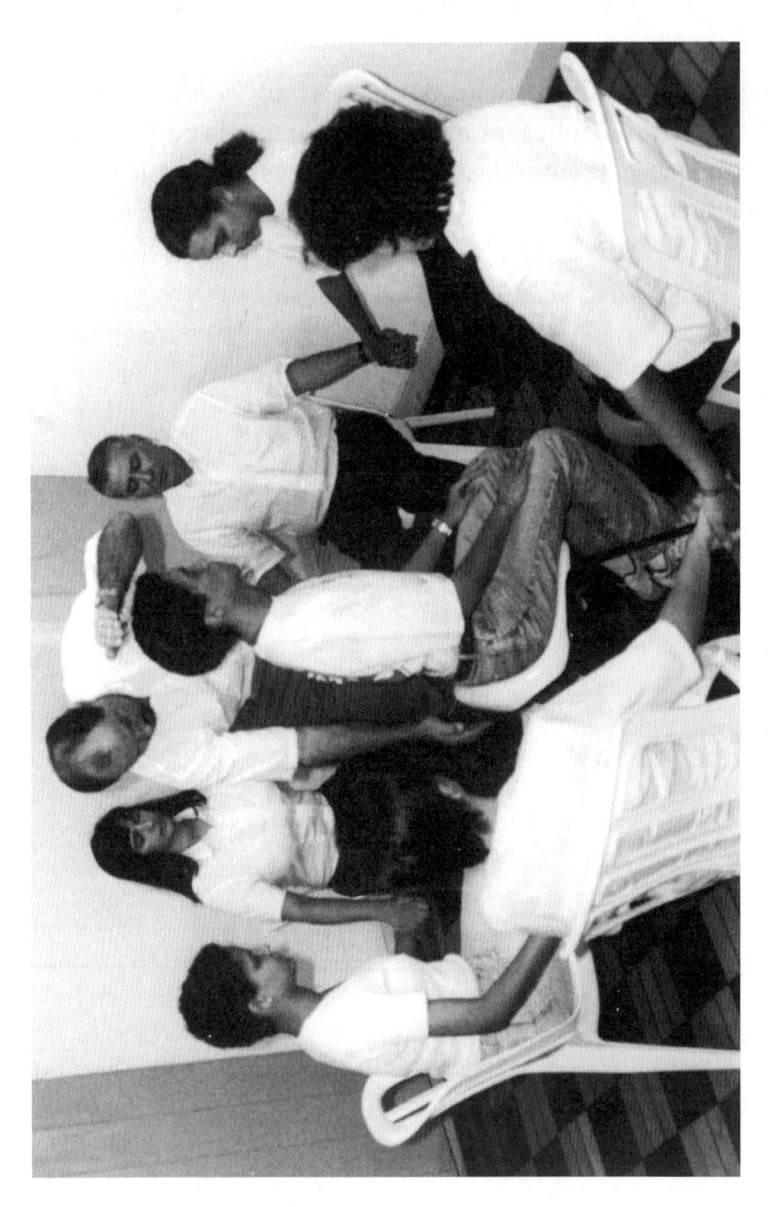

Foto 7 - **Pasteur 1 ou 2** - Corrente formada com um mínimo de quatro elementos, com as mãos dadas para ambos os casos, sendo que no Pasteur 1 (material) as vibrações são dirigidas ao doente e no Pasteur 2 (espiritual) as vibrações são dirigidas às entidades obsessoras.

CAPÍTULO 13

O CHOQUE ANÍMICO

1) Processo de Desobsessão

Para os Espíritos inferiores, a prática do mal resulta da própria ignorância e da impureza dos sentimentos que lhes criam, nos perispíritos, vibrações densas e pesadas, verdadeiras vestes de sombras, constantemente sulcadas de radiações malignas.

Apoiados em correntes de forças afins, formadas pelos inumeráveis componentes de suas legiões tenebrosas, adquirem eles grande capacidade de maleficiamento em todas as esferas onde sua penetração não possa ser impedida.

No Umbral, vimos como André Luiz descreve os meios, quase violentos, de contenção desses Espíritos: petardos magnéticos, radiações fluídicas de choque, fogo purificador, etc.; mas, aqui na Terra, que recursos temos para nos opor à ação perniciosa dessas infelizes entidades, considerando-se que seu número aumenta constantemente e que a doutrinação clássica somente pode ser empregada em condições muito restritas?

Na realidade, nossa melhor defesa pessoal está, como se sabe, no uso da prece e, sobretudo, na conduta reta e moralizada, porquanto é certo que o indivíduo suficientemente evangelizado e devotado ao bem torna-se não imune, mas resistente às manifestações dos agentes do mal.

Entretanto, também é verdade que somente uma insignificante minoria se pode incluir nessa lista, enquanto que a maior parte dos encarnados oferece campo livre e propício à atuação dessas forças negativas.

Por isso o número de perturbações aumenta de forma alarmante, tornando-se um problema difícil para as casas espíritas de movimento considerável como, por exemplo, na Federação[10] que atende milhares de perturbados todos os meses.

---

[10] O autor refere-se à Federação Espírita do Estado de São Paulo, da qual foi organizador e Secretário-Geral durante 27 anos. (Nota da Editora)

É fora de dúvida que os Espíritos inferiores, quando conscientemente devotados ao mal, são irredutíveis em suas ideias, impermeáveis às doutrinações, rebeldes a qualquer orientação nova, salvo quando já se saturaram de malefícios e intimamente anseiam por uma mudança espiritual.

Sua organização, nos planos invisíveis, é extensa e poderosa: legiões disciplinadas e coesas, submetidas a chefes autoritários, impiedosos e eficientes, que agem ativamente na subcrosta (seu hábitat natural, muito apropriadamente denominado inferno), no umbral inferior e na esfera dos encarnados.

Infestam as sessões de macumba, animam as atividades dos feiticeiros, fazem cerco aos terreiros da umbanda e investem contra as sessões do verdadeiro Espiritismo quando mal orientadas ou praticadas por pessoas ignorantes que desprezam as realizações fundamentais do Evangelho. E, também na vida comum das ruas, das sociedades, dos lares e dos mais diversos núcleos de atividades humanas, obsidiando e perturbando de inúmeras formas, milhares de pessoas.

Os processos comumente empregados para contê-los ou neutralizar sua ação deixam muito a desejar, na maioria dos casos, por serem esses Espíritos, como já dissemos, rebeldes às doutrinações e conselhos; por outro lado, como sua atividade é cada dia mais intensa, disso resulta que as casas espíritas estão cada vez mais assoberbadas com o problema doloroso das perturbações, que variam desde os simples encostos até as formas mais graves e avançadas de obsessões.

Urge, portanto, introduzir nas práticas espíritas processos novos de trabalho, visando combater tais malefícios pelo esclarecimento e o auxílio espiritual ao maior número possível de necessitados nos dois planos.

À medida que o tempo passa e que vamos nos aproximando dos momentos decisivos deste período de transição, aumenta sobre nós a pressão dessas forças do mal como também, como é natural, o esforço dos bons Espíritos que tentam, por todas as formas, nos prestar auxílio.

Assim sendo, julgamos poder sugerir, para todos os casos de perturbações, o seguinte processo avançado, que denominamos "Choque Anímico" (CH) e que representa um desdobramento, uma especialização do trabalho de curas, por cuja aceitação, no Espiritismo, vimos nos batendo há tempos.[11]

---

[11] Revisando este texto, mais de vinte anos após sua primeira publicação, em 1950, nada temos a alterar, inclusive na prática.

2) Parte Prática

O grupo é formado por pessoas previamente selecionadas (um mínimo de três, além do aplicador); sentam-se em semicírculo, colocando-se o aplicador de costas para a corrente (foto 10).

Os doentes são conduzidos ao grupo e mantidos a uma distância de um metro (mais ou menos). O aplicador faz a captação (foto 8) e estende a sua mão direita espalmada sobre a cabeça do doente para polarizar as forças do Alto (foto 9), enquanto que os participantes da corrente (sem dada de mãos) projetam para o coração dos obsessores emissões intensas de amor, de paz, de equilíbrio, no curto período de um minuto.

Nos casos mais rebeldes, os membros do grupo formarão uma corrente, dando-se as mãos e trazidos os doentes, um por um, à corrente, da mesma forma anterior.

3) Mecanismo

Esse processo permitirá assistir um número considerável de doentes sem deixar, entretanto, de atender a todos pessoalmente.

Para rematar, diremos que é fato conhecido que os fluidos finos, purificados, possuem uma vibração elevada, muito rápida e luminosa, dotada de grande poder de penetração e irradiação; esses fluidos desarticulam e eliminam as vibrações baixas e pesadas das mentes dos obsessores, bem como momentaneamente, procederão a uma verdadeira saturação dos seus perispíritos.

André Luiz mostra sempre, nos casos de obsessões, manchas fluídicas escuras, acumuladas na região do córtex cerebral, ponto de eleição, juntamente com o cerebelo, para o bombardeio das forças malignas que visam cortar as ligações com o cérebro carnal, como comumente acontece nos casos de epilepsia.

Por outro lado, os fluidos, sendo dirigidos diretamente ao coração do obsessor, provocam intenso choque anímico, emoção desconhecida para Espíritos que somente sabem vibrar em escalas negativas e inferiores; é como um jato de luz repentinamente se projetando sobre uma massa de sombra. Esse choque emocional aos poucos vai alterando sentimentos, pensamentos e atos.[12]

---

[12] No livro *Nos Domínios da Mediunidade*, André Luiz mostra, nos casos de doutrinação, que não eram as palavras do doutrinador encarnado que exerciam mais benéfica influência sobre os sofredores, mas sim o sentimento irradiante com que eram estruturadas.

Mesmo quando os efeitos sejam momentâneos, a repetição do processo em sessões continuadas produzirá os resultados desejados de cura ou, pelo menos, de melhoria acentuada para os doentes, com a redução das atividades maléficas dos obsessores.

Quanto mais poderosa for a corrente, em número e força, e mais evangelizados os seus componentes, tanto mais eficientes serão os resultados do trabalho.

Esse processo deve ser executado em combinação com os protetores espirituais do grupamento e convém que seja posto em prática aos poucos, a título experimental, devendo ser a corrente constantemente revigorada por meio de revezamento dos seus componentes.

Como já dissemos, esse é um processo aplicado à cura de doentes em presença, quando o seu número, por avultado, não permitia o emprego de outro processo mais individualizante como, por exemplo, a doutrinação clássica.[13]

---

[13] O longo período de experiência provou que esse processo é seguro e seus resultados altamente positivos nos dois planos.

Foto 8 - **Choque Anímico** - Captação de fluidos.

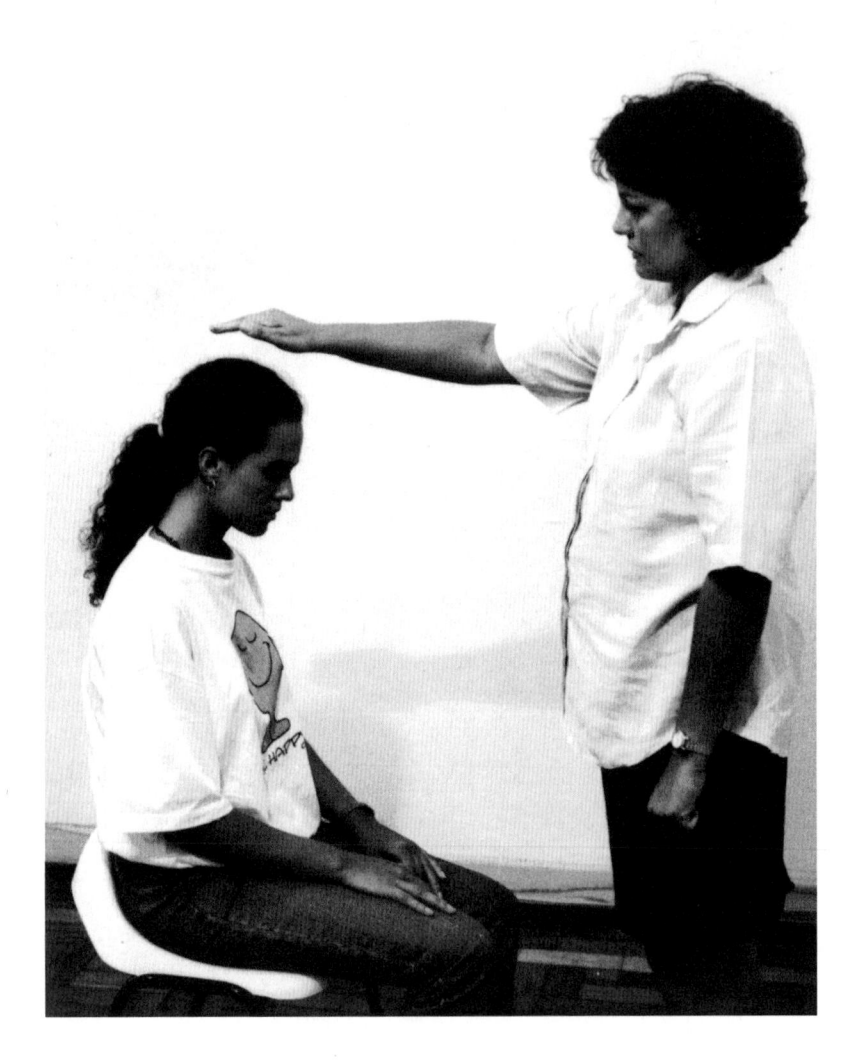

Foto 9 - **Choque Anímico** - Aplicação.

Foto 10 - **Choque Anímico** - Corrente em semicírculo, sem dar as mãos. O doente fica fora. Vibrações dirigidas aos obsessores.

CAPÍTULO 14

PASTEUR 3-A

1) Parte Prática

Destinado às perturbações materiais graves, não eliminadas com o P-1, sejam ou não de fundo espiritual.

A corrente é formada por médiuns de cura ou possuidores de boa capacidade de doação de fluidos e ectoplasma; esses fluidos, na aplicação, são somados àqueles doados pelos operadores espirituais, protetores ou auxiliares do trabalho.

O número de cooperadores é de cinco, no mínimo, um dos quais funciona como operador.

Esse atendimento é feito em três etapas:

Na primeira, forma-se a corrente, e um dos membros é indicado para operador, devendo postar-se ao centro, junto à cadeira que deverá ser ocupada pelo doente. (foto 7, pág. 90)

Na segunda, o doente é trazido (já devidamente preparado[14]) e colocado na cadeira ao centro, ao mesmo tempo em que a corrente de mãos inicia a doação direta para ele de vibrações de amor e saúde.

Na terceira, o operador aplica sobre ele os três tempos magnéticos do P-1, enquanto a corrente, por indicação do diretor do trabalho, emite fluidos curativos ou ectoplasma, conforme as conveniências de cada caso.

Quando for julgado necessário, o operador toma nas suas as mãos do doente e lhe transfere, de forma mais concentrada, as energias provindas do Alto.

O número de atendimentos, via de regra, é de quatro, os dois últimos destinados à consolidação do tratamento.

---

[14] Recomenda-se que ele tenha recebido o passe de limpeza, haja sido entrevistado pelo plantonista (se for o caso) e tenha assistido à preleção evangélica.

Além dos movimentos do P-1, podem também ser feitas aplicações locais pelo operador, quando houver algum ponto ou órgão que necessite de atendimento especial.

Em todas as doações, a corrente deve utilizar a cromoterapia na forma e nos limites que forem determinados pelo operador e de conformidade com as instruções para esse uso (vide opúsculo especializado: *Cromoterapia*, do mesmo autor).

Há vários desdobramentos desse trabalho, um dos quais são as operações mediúnicas, para as quais essa corrente é adequada, conquanto dependa mais de médiuns de cura específicos.

Nesse tratamento, os doentes recebem:

a) fluidos magnéticos e, quando preciso, ectoplasma fornecido pela corrente;

b) vibrações de amor diretamente dos membros da corrente;

c) fluidos finos, mais poderosos e puros, e outras energias curativas emanadas do Plano Espiritual.

A duração das aplicações individuais depende do tempo que se pode dispensar a cada doente; cinco minutos nos casos comuns é uma boa medida quando há muitos doentes a atender; para os casos graves em que o Plano Espiritual intervém mais diretamente, não há previsão de tempo.

A sequência qualitativa dos trabalhos de cura material é a seguinte: Preces, passes, trabalhos comuns mistos[15], P-1 e P-3A, com seus desdobramentos, inclusive operações mediúnicas.

---

[15] Categorização adotada na Federação Espírita do Estado de São Paulo, na década de 1950. Vide *Curas Espirituais*, do mesmo autor. (Nota da Editora)

CAPÍTULO 15

PASTEUR 3-B

1) Parte Prática

Destinado ao tratamento de perturbações de natureza espiritual grave, não eliminadas nos tratamentos anteriores: P-2 e Choque Anímico.

Aplicado também quando há obsessão responsável por moléstias materiais não eliminadas pelo P-3A.

Corrente idêntica à formada para o P-3A, com o mínimo de cinco membros aptos à doação de fluidos e vibrações, funcionando um dos cooperadores como operador e sendo conveniente a existência entre eles de vidente e médiuns de incorporação.

A esse trabalho somente devem chegar os casos não resolvidos pelo P-2 e Choque Anímico, que eliminam a maior parte dos problemas de influenciação espiritual, não devendo receber doentes que não tenham passado por esses trabalhos anteriores.

A ficha do doente deve acompanhá-lo, com as indicações adequadas, informando sobre precedentes e tratamentos anteriores.

Colocado o doente ao centro da corrente, o dirigente procede as verificações do caso, para poder orientar o tratamento, sendo sempre conveniente conhecer o tipo de ligação porventura existente entre o obsidiado e o obsessor para saber se há impedimentos espirituais, sempre existentes, quando o caso é de resgates cármicos sendo que, então, o tratamento se restringirá a vibrações e preces em benefício do doente.

Não havendo impedimentos, age-se visando ao desligamento e consequente afastamento do obsessor, utilizando projeções fluídicas coloridas, emitidas pela corrente diretamente para o obsessor e, somente em caso negativo e recalcitrância deste, se lançará mão da doutrinação pessoal, processo sempre demorado, não compatível com a necessidade de atender número elevado de necessitados.

Ocioso será dizer que todas essas atividades se processam mantendo desde o início franco entendimento com os Espíritos protetores ou auxiliares do trabalho, com ajuda, quando necessário, do intermediarismo mediúnico, com auxílio do qual se faz também o controle da situação em geral.

Se prevalecer a necessidade de doutrinação, esta deve ser feita com sobriedade, evitando ostentação de conhecimentos doutrinários ou eloquência literária, que nenhum efeito produzem no âmbito dos obsessores, mas muito ao contrário.

Atualmente, o próprio Plano Espiritual está utilizando, para obsessores empedernidos e irredutíveis, aparelhos especiais produtores de energias concentradas que operam rapidamente os desligamentos. É processo ainda privativo, mas que tende a se generalizar em breve tempo, pela incidência cada vez maior e mais obstinada de obsessões coletivas em todo o mundo.

2) Desdobramentos

O P-3 poderá ser desdobrado em P-3B, C, D, etc., para atender condições e necessidades diferentes do trabalho em geral, como especializações outras ligadas a horários, local de trabalho, natureza da obsessão, inclusive nos casos provocados deliberadamente.

A sequência qualitativa dos tratamentos espirituais é a seguinte: preces, vibrações, trabalhos comuns mistos[16], passes, P-2, Choque Anímico, P-3B, C, D, etc.

A intensidade dos tratamentos é gradativa, justamente para reduzir ao mínimo a chegada de doentes ao P-3, e nenhum doente deve ser submetido a este último tratamento diretamente, sem passar pelos demais, porque este tratamento é de reduzido rendimento.

Nota:

Em todos os tratamentos materiais ou espirituais, é obrigatória a prévia limpeza psíquica dos doentes e dos operadores, antes de penetrarem no recinto do trabalho, como também é obrigatória a **corrente de limpeza e reposição** de energias para os cooperadores após a realização dos trabalhos.

Nos exames espirituais que previamente se fazem para determinação do trabalho a realizar, é considerável a existência, no perispírito, de manchas fluídicas de variável negror e condensação sobre tecidos e órgãos, às vezes tão espessas, que as radiografias as acusam, mas que logo desaparecem, após os primeiros tratamentos magnéticos.

Essas incidências são mais frequentes nas perturbações de fundo espiritual e sempre indicam moléstias orgânicas.

---

[16] Categorização adotada na Federação Espírita do Estado de São Paulo, na década de 1950. Vide *Curas Espirituais*, do mesmo autor. (Nota da Editora)

CAPÍTULO 16

PASTEUR 4

1) Considerações Gerais

1. Doenças materiais

Normalmente as doenças materiais em crianças resultam de:

a) doenças cíclicas, próprias da idade;

b) poluição ambiental, desnutrição, clima, etc.

2. Perturbações espirituais

Por serem as crianças, em tenra idade, inconscientes e irresponsáveis, não se verificam propriamente as perturbações espirituais, salvo as exceções observadas em cortiços e favelas. Os problemas espirituais decorrem de:

a) infestação do ambiente;

b) chamamento a familiares;

c) encarnações completivas.

2) Tratamentos

Os tratamentos, visando à **uniformidade das práticas**, devem ser:

1. P-4A (Tratamento material)

a) os dois primeiros tempos do P-1 (fotos 11 a 13);

b) passes longitudinais;

c) aplicações locais nas partes doentes.

Notas:

1) não deve ser dispensado o tratamento médico;

2) deve haver uma corrente simples de três a quatro membros (foto 14), de preferência femininos, sem dada de mãos, com vibrações diretas e fluidos cromoterápicos para o doente.

2. P-4B (Tratamento Espiritual)

a) os dois primeiros tempos do P-2 (fotos 11 a 13);
b) passes longitudinais.

Nota:

Corrente (foto 14) como acima, vibrações e fluidos para os Espíritos perturbadores.

3) Observações Finais

1. A limpeza psíquica deve ser aplicada fora do local, para as crianças e acompanhantes, com passes transversais **simples** e passes longitudinais.

2. A criança deve entrar sozinha no centro do grupo, salvo se se tratar de criança de colo.

3. Acima de sete anos não há ressalva, a não ser na moderação das aplicações, na densidade vibratória e selecionamento dos operadores.

4. Em todos os casos, outras medidas poderão ser tomadas segundo as circunstâncias de local, tempo e número de pessoas a atender.

Foto 11 - **Pasteur 4** - Captação de fluidos.

PASSES E RADIAÇÕES

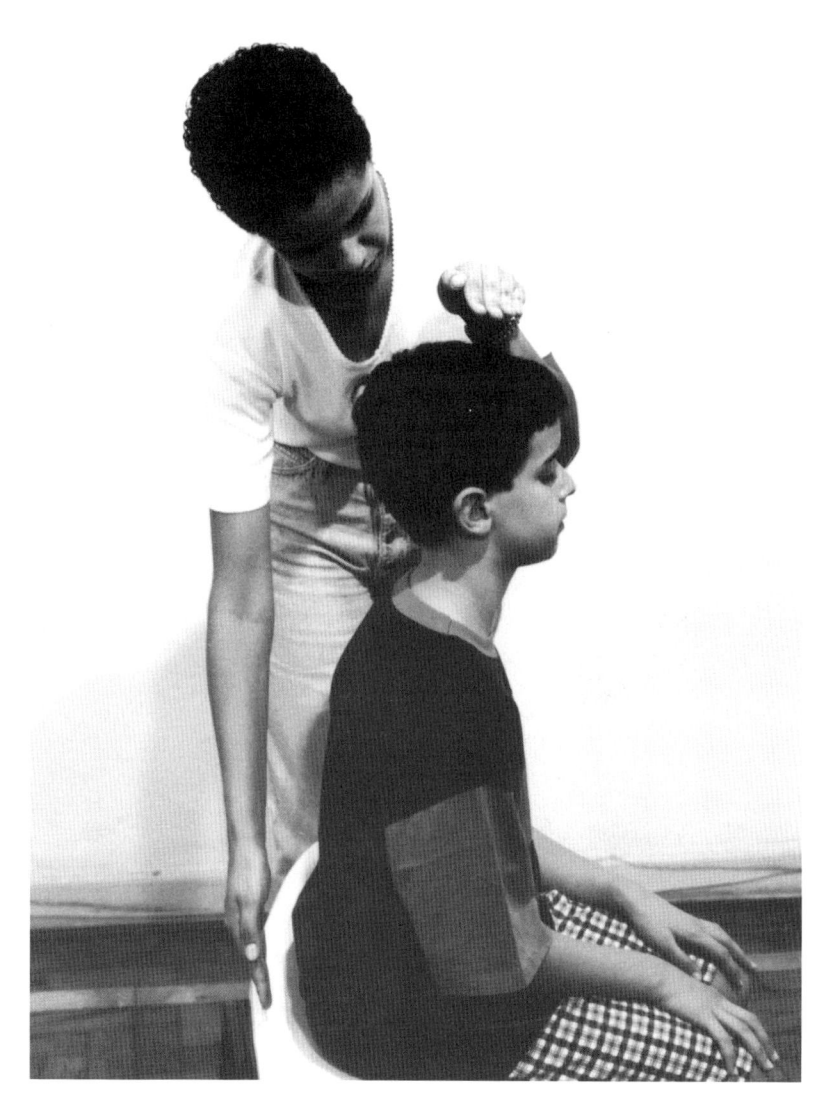

Foto 12 - **Pasteur 4** - Primeiro tempo.

Foto 13 - **Pasteur 4** - Segundo tempo.

Foto 14 - **Pasteur 4 (A ou B)** - Corrente formada preferencialmente por elementos do sexo feminino, sem dar as mãos, sendo que para o P-4A (material) as vibrações são dirigidas diretamente à criança e para o P-4B (espiritual) as vibrações são dirigidas às entidades obsessoras.

CAPÍTULO 17

PASSE DE LIMPEZA

Utilizado na preparação dos atendidos e passistas, logo que adentram o Centro Espírita, para que não venham a perturbar a harmonia dos trabalhos e para que os necessitados possam assimilar com maior proveito os tratamentos que irão receber.

ESQUEMA

1º tempo – No levantamento dos braços, estes servem de antenas para melhor captação da força fluídica destinada às curas.

2º tempo – A imposição da mão direita sobre a cabeça do doente visa agir diretamente sobre a mente do obsessor, neutralizando sua ação e desligando-o da mente do doente.

3º tempo – Os passes transversais cruzados (fotos 15 a 18) devem ser feitos à altura da cabeça, do peito e do ventre; com eles visamos projetar sobre o perispírito dos obsessores uma fonte de fluidos dispersivos, produzindo um choque que desarticula as ligações fluídicas do obsessor com o doente, movimentando os aglomerados fluídicos.

4º tempo – Com os transversais simples (fotos 19 a 21), prosseguimos na limpeza do perispírito do doente, dispersando fluidos nocivos.

PASSES E RADIAÇÕES

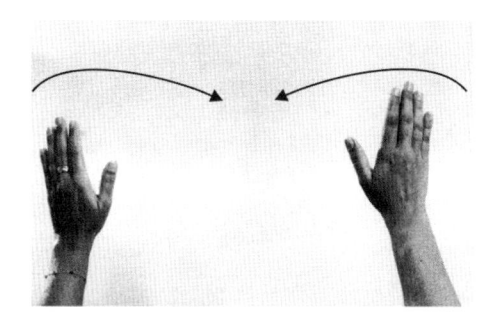

Foto 15

Padronização do
**Transversal
Cruzado.**

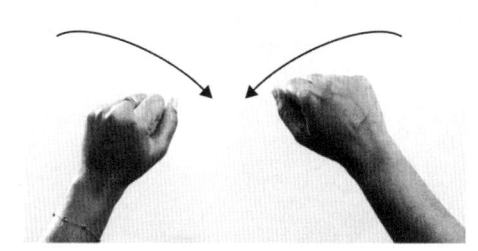

Foto 16

Foto 17

Padronização do
**Transversal
Cruzado.**
(Sequência)

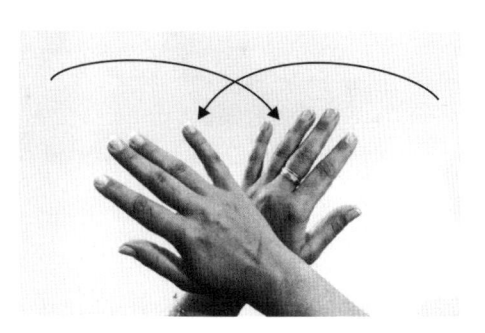

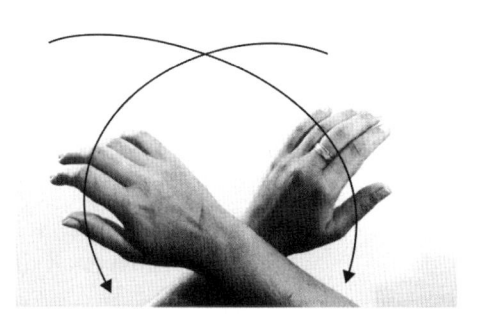

Foto 18

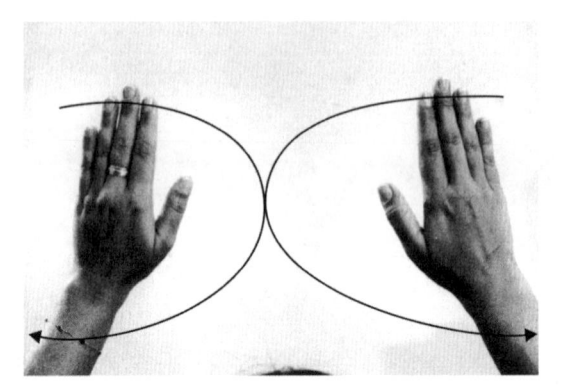

Foto 19 - **Transversal simples.**

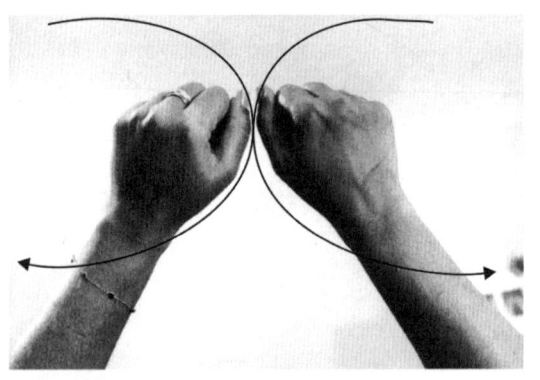

Foto 20 - **Transversal simples** - Sequência.

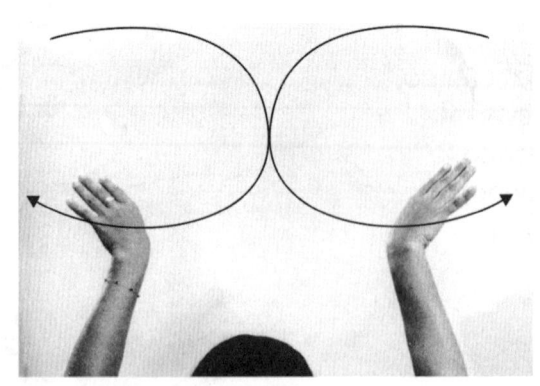

Foto 21 - **Transversal simples** - Finalização.

5º tempo – Após a limpeza, com os longitudinais (fotos 22 e 23) promovemos a regularidade do fluxo do fluido nervoso em todo o organismo e, finalmente,

6º tempo – A imposição de mão novamente sobre a cabeça do doente é um ato de bênção que se pede a Deus seja sobre ele derramada.

Dependendo da necessidade nos trabalhos mais avançados, pode-se alcançar uma limpeza mais completa, realizando-se passes transversais cruzados e simples também às costas do atendido, local de preferência na atuação dos obsessores.

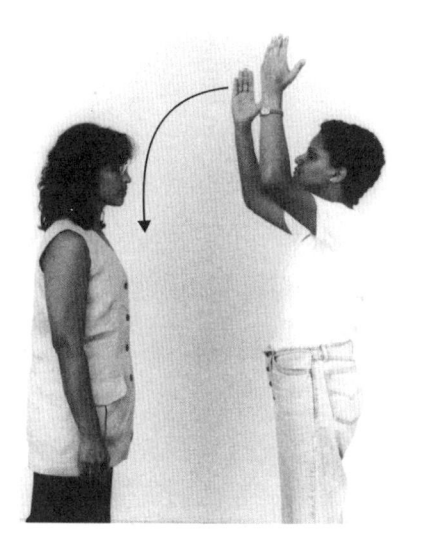

Foto 22 - **Longitudinal.**
Aplica-se com os dedos ligeiramente abertos.

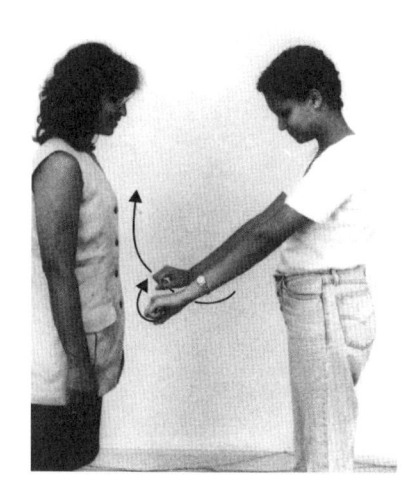

Foto 23 - **Longitudinal.**
O retorno é feito com as mãos fechadas.

Foto 24 - **Passe de Limpeza.** - Primeiro tempo - Captação de fluidos.

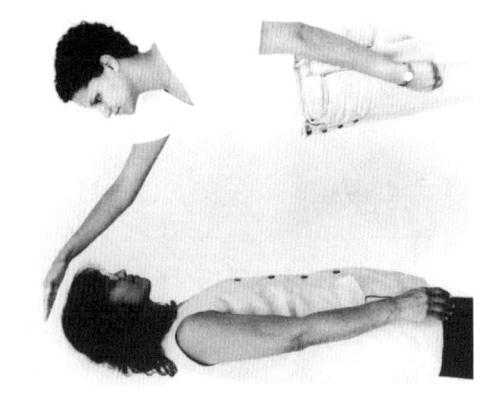

Foto 25 - **Passe de Limpeza.** - Segundo tempo - Imposição da mão direita. (mão esquerda fechada)

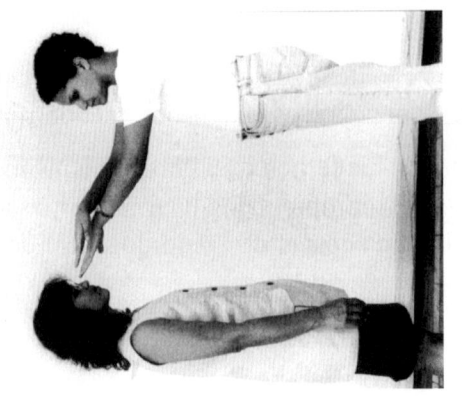

Foto 26 - **Passe de Limpeza.** - Terceiro tempo - Transversal cruzado na altura da cabeça.

PASSES E RADIAÇÕES

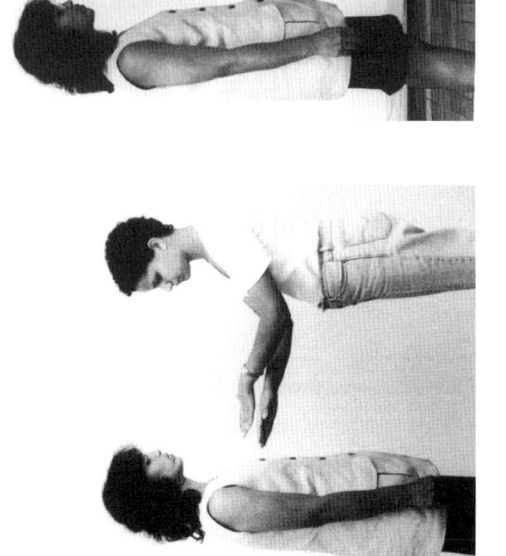

Antes de passar aos transversais simples para sequenciar o passe de limpeza, é interessante repetir mais uma vez o transversal cruzado em suas três posições (na altura da cabeça, peito e ventre – Fotos 26, 27 e 28).

Nas páginas seguintes veremos os movimentos do aplicador do ponto de vista do assistido.

Foto 27 - **Passe de Limpeza.** - Terceiro tempo - Transversal cruzado na altura do peito.

Foto 28 - **Passe de Limpeza.** - Terceiro tempo - Transversal cruzado na altura do ventre.

Foto 29 - **Passe de Limpeza.** - Primeiro tempo - Captação de fluidos.

Foto 30 - **Passe de Limpeza.** Após a imposição das mãos (segundo tempo), aplica-se o transversal cruzado na altura da cabeça (terceiro tempo).

Foto 31 - **Passe de Limpeza.** Transversal cruzado na altura do peito (terceiro tempo).

PASSES E RADIAÇÕES

Foto 32 - **Passe de Limpeza.** Ainda o terceiro tempo, agora na altura do ventre.

Foto 33 - **Passe de Limpeza.** Após repetir mais uma vez os movimentos do transversal cruzado, passa-se ao transversal simples, 1ª posição, na altura da cabeça do paciente.

Foto 34 - **Passe de Limpeza.** Mostrando a conclusão da posição anterior.

115

Foto 35 - **Passe de Limpeza.** Ainda o quarto tempo (transversal simples), agora na altura do peito.

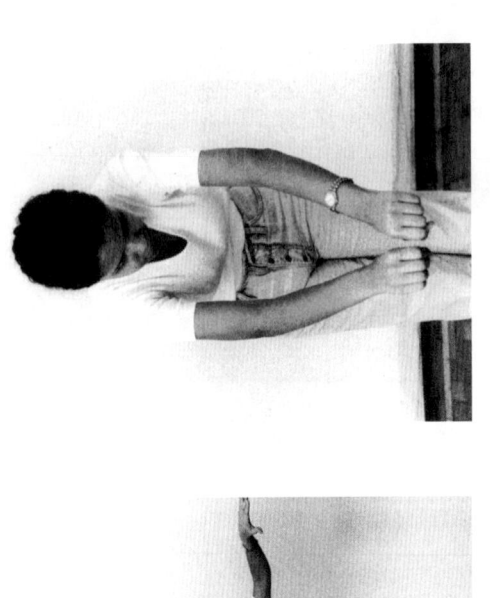

Foto 36 - **Passe de Limpeza.** - Quarto tempo - Conclusão da posição anterior.

Foto 37 - **Passe de Limpeza.** - Quarto tempo - Com aplicação na região do ventre.

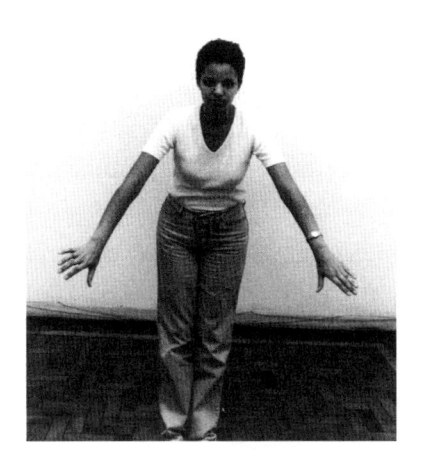

Foto 38 - **Passe de Limpeza.**
Conclusão da posição do
quarto tempo.

Os passes tranversais simples também devem ser repetidos em suas três posições, após o que se aplicam os passes longitudinais. Para finalizar, faz-se novamente a imposição de mãos, tal como no início.

CAPÍTULO 18

AUTOPASSE

Essa é uma modalidade bastante útil porque permite ao próprio doente e aos médiuns trabalharem em sua própria cura e utilizarem os recursos imensos que estão à disposição de todos pela misericórdia de Deus, Criador e Pai.

Justamente por causa das contaminações diretas que sofrem a todos os momentos, devem os médiuns se utilizar – sobretudo eles – do Autopasse para a limpeza psíquica de si mesmos e o recarregamento de energias dos plexos e centros de força.

ESQUEMA

1) Concentração e abertura.

2) Ligação com o protetor individual; aguardar sua presença.

3) Levantar os braços e aguardar a descida da força fluídica.

   (foto 39)

4) Projetar sobre si mesmo essa força, operando de acordo com o esquema geral, isto é, primeiramente limpando o perispírito com passes transversais (fotos 40 a 42) e longitudinais com contato, usando ambas as mãos para limpar os fluidos ruins porventura absorvidos. De espaço a espaço levantar novamente os braços, para intensificar o recebimento da força, caso necessário.

Quando houver saturação de forças e o médium perceber que cessou sua fluição pelos braços, dar o passe por encerrado, fazendo a prece de agradecimento.

Se houver perturbação funcional de órgãos internos, agir sobre eles colocando a mão esquerda sobre o plexo solar e a direita sobre o órgão doente, promovendo, assim, o dispositivo eletromagnético das duas mãos, entre cujos dois polos circulará a corrente de cura.

PASSES E RADIAÇÕES

Foto 39 - **Autopasse.** Captação de fluidos.

Foto 40 - **Autopasse.** Transversal cruzado (altura da cabeça).

Foto 41 - **Autopasse.** Transversal cruzado (altura do peito).

Foto 42 - **Autopasse.** Transversal cruzado (altura do ventre).

CAPÍTULO 19

REATIVAÇÃO DOS CENTROS DE FORÇA

Conforme vimos no Capítulo 2, é conveniente a reativação dos Centros de Forças nos casos de desenvolvimento mediúnico e no campo das curas. Assim, estudamos um processo simples, mediante o qual se pode alcançar esse objetivo de maneira segura e eficiente.

EXECUÇÃO

No primeiro tempo, a mão direita deve ficar estendida ao lado direito do corpo, com a palma voltada para baixo, a fim de atrair a Força Primária, enquanto que a esquerda é posta sobre o **centro de força básico**, para auxiliar a subida da força e, ao mesmo tempo, impedir que ela flua pela coluna vertebral além desse ponto.

No segundo tempo, a esquerda permanece no mesmo ponto e a direita vai se movimentando, levando a força lentamente, com paradas curtas, através dos demais centros de força, na seguinte ordem: esplênico, gástrico, cardíaco, laríngeo, frontal e coronário, onde termina a reativação.

A presença da força é assinalada por momentânea sensação de calor que sobe do chão pelas pernas, daí se espalhando por todo o corpo.

As energias cósmicas e fluídicas fluem para os centros de força, destes para os plexos, destes para o sistema nervoso correspondente e, como consequência, o organismo vegetativo funciona automaticamente, do nascimento à morte, sem interrupção.

Na cura pelos passes, os fluidos que se transmitem aos doentes, sendo possuidores de vibrações muito mais rápidas que os da matéria pesada, atingem a enervação periférica e daí vão ter aos plexos produzindo reflexos que influem sobre todo o organismo.

MÉTODO DE REATIVAÇÃO

O método padronizado compreende, como todos sabemos, a utilização da força primária, com os devidos cuidados, na forma que demonstraremos a seguir.

1º tempo: **Captação**

Com ambas as mãos caídas naturalmente (foto 43), dedos unidos e voltados para baixo, executa-se o primeiro tempo, captando-se a "força".

2º tempo: **Interceptação**

A mão direita permanece na posição inicial, atraindo a "força", e a esquerda é levada até o **básico** com o objetivo de interceptá-la (fotos 44 e 45), pois que, no seu fluxo natural, a "força primária" penetra pelo **básico** e se esvai pelo **coronário**, após ter percorrido a medula espinhal. Dessa forma, assumimos seu controle, canalizando-a, à nossa vontade, para os demais centros de força.

3º tempo: **Transferência**

Com a mão esquerda no **básico**, a direita, pela frente do corpo...

4º tempo: **Reativação do Esplênico**

...desliza suavemente para o **esplênico** (foto 46), centro que se destaca pela sua importante função de regular a circulação dos elementos vitais (fluidos, radiações e ondas em geral).

Naturalmente, a sequência lógica seria, após o **esplênico**, a reativação do "centro de força" **genésico**; no entanto, essa passagem não só é suprimida pela sua diminuta influência na aplicação de passes, mas sobretudo pelos graves e notórios viciamentos existentes no setor do sexo, pois seria maléfica, em todos os casos, a excitação desse centro de força.

5º tempo: **Reativação do Gástrico**

A posição correta está indicada na foto 47. Por se tratar de uma estação importante da vida vegetativa, a aplicação aí pode ser um pouco mais demorada.

6º tempo: **Reativação do Cardíaco**

Sempre com a mão esquerda na posição interceptadora, a direita é conduzida para a região precordial (foto 48), onde a aplicação deve ser suave e breve, por ser essa região a da regulação do metabolismo circulatório sanguíneo.

7º tempo: **Reativação do Laríngeo**

Como ilustra a foto 49, a mão direita deve abranger completamente a laringe.

8º tempo: **Reativação do Frontal**

Por se tratar de um centro estritamente ligado à organização fisiológica do cérebro, a aplicação também deve ser suave e breve (foto 50).

9º tempo: **Reativação do Coronário**

A mão direita aberta é posta sobre o alto da cabeça, palma voltada para baixo (foto 51).

Esse é o mais importante dos centros de força e por meio dele se estabelecem ligações com o mundo espiritual; além disso exerce distinta ascendência sobre os demais centros de força. Entrosa-se diretamente com as funções da mente.

OBSERVAÇÕES

1) as reativações são feitas em duas passagens: na primeira, busca-se imprimir aos centros de força maior impulso de atividade natural; na segunda, utilizando-se a vontade, promove-se neles uma intensa aceleração, para que adquiram plenitude de eficiência.

2) não é necessário que a mão permaneça em contato com o corpo, nas reativações, devendo haver um pequeno afastamento (2 a 3 cm), pois, como é sabido, os centros de força se alojam no Duplo Etéreo, cujos limites ultrapassam ligeiramente a superfície corporal.

PASSES E RADIAÇÕES

Foto 43 - **Reativação.** Captação.

Foto 44 - **Reativação.** Interceptação.

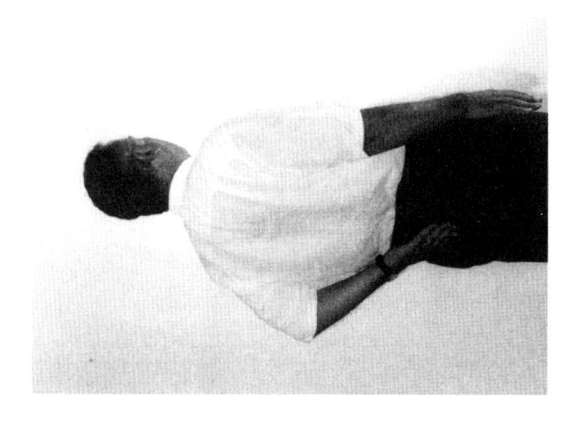

Foto 45 - **Reativação.** Interceptação (vista de trás).

Foto 46 - **Reativação.** Esplênico.

Foto 47 - **Reativação.** Gástrico.

Foto 48 - **Reativação.** Cardíaco.

PASSES E RADIAÇÕES

Foto 49 - **Reativação.** Laríngeo.

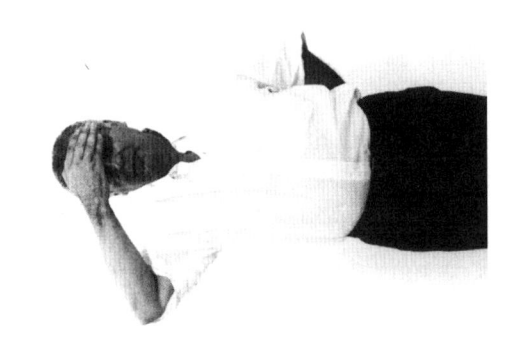

Foto 50 - **Reativação.** Frontal.

Foto 51 - **Reativação.** Coronário.

CAPÍTULO 20

PASSES A DISTÂNCIA

Em alguns casos, bem mais raros, pode haver necessidade de se dar passes em doentes situados a distância. Esse é um processo que mais se enquadra em trabalho de magia teúrgica e a ele aqui nos referimos unicamente por amor ao método, visto que no Espiritismo não há, realmente, necessidade do emprego desses passes, porque, em vez de o fazer, basta que se formule uma prece em benefício do doente, dando sua localização; com esses elementos, os Espíritos protetores tomarão a si a assistência do doente, esteja ele onde estiver.

O passe a distância, entretanto, é praticado da seguinte maneira:

1º) Concentração e prece.

2º) Idealizar a figura material do doente – se for conhecido – dando-o como presente; ou, então, imaginar sua figura, no local indicado e ir lá com o pensamento.

3º) Fazer sobre essa figura, imaginada ou ideoplastizada, os passes indicados, encerrando com uma prece.

CAPÍTULO 21

PASSE COLETIVO

Nas Casas Espíritas onde há grande movimento e poucos trabalhadores, é necessário adotar o sistema dos passes coletivos, que servem muito bem a todos os casos em que não haja necessidade imperativa dos passes individuais.

1) Organização da Sessão

Equipe: Um diretor, um auxiliar, um médium para receber instrutores.

Corrente: Formada pela equipe mais um grupo de trabalhadores selecionados.

2) Funcionamento

a) Concentração para abertura.

b) Prece, pelo diretor do trabalho.

c) Preleção do diretor sobre doenças, resgates, curas e necessidade de evangelização.

d) Estando todos os doentes em seus lugares, o diretor do trabalho (ou o mentor incorporado no médium) levanta-se, estende os braços e faz um passe geral durante o tempo que for necessário (um a dois minutos).

Nessa ocasião, do Alto jorrarão sobre os doentes os fluidos reparadores e as curas possíveis se realizarão segundo as condições individuais de mérito e de evolução.

CAPÍTULO 22

O SOPRO

O tratamento pelo sopro é também conhecido de há muito tempo e nos tratados de magnetismo se intitula **insuflação**.

Consiste em insuflar com a boca, mais ou menos aberta, o hálito humano sobre as partes doentes, fazendo-o penetrar o mais fundo possível na área dos tecidos. Para isso é necessário que o operador aspire ar, previamente, em quantidade suficiente para dilatar seu tórax, além do normal; deve possuir capacidade respiratória bem ampla, o que pode obter com continuados e adequados exercícios de respiração profunda.

O sopro pode ser quente ou frio. O primeiro quando se aproxima a boca, aberta, da parte doente, com a simples separação de um pano poroso, preferentemente de lã; e o segundo, quando se sopra com os lábios unidos, a certa distância do corpo.

O sopro quente concentra fluidos e o frio os dispersa.

No espaço, em suas colônias, recolhimentos e outras organizações de auxílio, essa cura possui desenvolvimento muito amplo e tem caráter sensivelmente mental-criativo: o operador insufla vida e força nos corpos doentes e constrói na própria mente o quadro das reações benéficas que visa obter.

Os técnicos desse tratamento, conhecedores como são do metabolismo psíquico individual e possuindo, a par disso, apreciável capacidade vidente, acompanham *pari passu* os efeitos da aplicação, levando-a até os limites necessários; assim, obtêm os resultados mais objetivos e promissores.

A essa modalidade de tratamento, mais que a qualquer outra, se aplicam as advertências que fizemos a respeito do contato físico entre operador e paciente. Somente indivíduos dotados de exemplar moralidade devem se dedicar a essa tarefa.

PARTE C

RADIAÇÕES

CAPÍTULO 23

RADIAÇÕES

Todos os Espíritos, encarnados ou desencarnados, possuem a faculdade de emitir e projetar radiações a quaisquer distâncias, por maiores que sejam; entre os desencarnados, como é óbvio, tal faculdade é exercida livremente e em sentido amplo, por ausência do entrave natural, que é o corpo físico.

Tais projeções, como também ocorre com os pensamentos, são tão rápidas que ultrapassam mesmo a velocidade da luz e essa condição é que faz supor possuírem os Espíritos o dom de ubiquidade, isto é, o de estarem, ao mesmo tempo, em dois lugares diferentes, coisa que, na realidade, jamais ocorre.

As radiações podem ser **mentais** e **fluídicas**.

1) Radiações Mentais

A radiação mental é um processo intelectual mediante o qual se emite e projeta a determinado alvo pensamentos concordantes com o motivo que determinou a projeção.

Um indivíduo colocado em **A**, mentalmente visualiza outro indivíduo colocado em **B** e sobre ele projeta, por exemplo, pensamentos de força, coragem e confiança.

O indivíduo alvo, colocado em **B**, mesmo não possuindo a sensibilidade necessária para sentir as radiações que lhe estão sendo enviadas, recebe-as em sua mente e se beneficia dos efeitos correspondentes. Se estava enfraquecido, desencorajado, desanimado, sente-se agora estimulado, dotado de nova energia e confiança.

Essa radiação, como se vê, no fundo não passa de uma transmissão telepática e o processo se realiza de mente para mente, uma funcionando como emissora, outra como receptora.

2) Radiações Fluídicas

Radiação fluídica é uma ação de ordem mística que consiste em se emitir, pelo coração, vibrações amoráveis destinadas, normalmente, a beneficiar necessitados.

Numa se emitem **pensamentos** e, noutra, **sentimentos**, coisas qualitativamente bastante diferentes.

Um indivíduo em **A** acha-se doente, perturbado e pede auxílio.

O operador em **B** concentra-se, formula uma prece, mentalmente focaliza o necessitado em **A**, estabelece em seu próprio íntimo o desejo sincero de auxiliá-lo e, em seguida, deixa que de seu coração fluam as ondulações vibratórias de reconforto.

3) Coração e Mente

Se se trata de moléstias, essas ondulações serão fluidos de equilíbrio, vida e saúde; se se trata de perturbações psíquicas, esses fluidos serão luz e pureza capazes de destruir as vibrações pesadas, provindas de obsessores ou vampiros; se se trata, enfim, de depressão física ou moral, esses fluidos serão forças e otimismo, capazes de restabelecer a tonalidade vital do necessitado.

Em todos os casos, o coração age como uma emissora de ondas, cuja potência fundamental é o sentimento amorável, o desejo sincero de servir, auxiliar, socorrer.

Nos casos de radiações mentais, a eficiência depende do poder de vontade do emissor, de sua capacidade de projetar ondas telepáticas mais ou menos poderosas; mas, nos casos das radiações fluídicas, a força está no sentimento, na capacidade do emissor em sentir a necessidade do próximo, no desejo ardente de beneficiá-lo e na capacidade de produzir em si mesmo e, em seguida, projetar ao alvo ondas de luz, de vida e de amor.

Nas sessões de curas, por meio de radiações a distância, o processo é sempre engrandecido, avolumado, pela força das vibrações em conjunto e pela formação de uma poderosa corrente emissora de base.

4) Orientações Práticas

O processo, como o temos executado há anos, na Aliança Espírita Evangélica, é conhecido pelo termo genérico "Vibrações".

Acesso à Sessão

Podem tomar parte membros da Fraternidade dos Discípulos de Jesus, Aprendizes e Servidores da Escola de Aprendizes do Evangelho e alunos do Curso de Médiuns.

Horário[17]

Início da Preparação............	x horas e 00 minutos
Início das Vibrações.............	x horas e 20 minutos
Intercâmbio Mediúnico.......	x horas e 35 minutos
Encerramento.....................	x horas e 40 minutos

Condições de Funcionamento

Os médiuns escalados para o intercâmbio espiritual deverão permanecer próximos à mesa.

Os participantes devem chegar antes do início da preparação, conservando-se em silêncio, nos seus lugares, em meditação, preparando-se para o trabalho. Solicita-se aos participantes que evitem permanecer em conversa nas portas de acesso ao salão.

Uma vez apagadas as luzes e iniciada a preparação, a admissão não mais será permitida.

A música será adequada ao tipo de trabalho; a tonalidade deverá ser suave, concorrendo para harmonizar o ambiente e elevar o padrão vibratório.

Direção dos Trabalhos

A direção será composta de dois elementos: o responsável pela preparação do ambiente e o encarregado das vibrações.

Vibrações Coletivas

Serão feitas pelo encarregado das vibrações.

---

[17] Esse horário é passível de alterações devido a circunstâncias de local, tempo disponível, número de atendimento, etc.

Vibrações especiais ou extraordinárias serão feitas em casos urgentes e imprevisíveis, a juízo do diretor responsável pelo trabalho.

Apelos e Avisos

Nos trabalhos de vibrações, não serão permitidos apelos ou avisos.

Escalação

No princípio de cada trimestre, será feita a escalação do dirigente responsável pelo trabalho, do encarregado das vibrações e médiuns.

A relação será fixada em local visível, no salão.

Os colaboradores escolhidos deverão ser avisados por escrito, renovando-se o aviso por telefone ou outro meio, quinze dias antes do início do período que lhes foi designado.

5) Roteiro

Preparação

a) Leitura ou comentário de um tema evangélico.

b) Convite aos presentes para se recolherem intimamente.

c) Expansão das auras: cada qual promoverá a expansão da aura, ligando-se com os companheiros que se acham em volta, assim permanecendo até que o ambiente fique impregnado de radiações e fluidos amorosos, emanados dos corações.

d) Contato com os irmãos espirituais: as ligações serão feitas na seguinte ordem: primeiro, cada qual se ligará com o seu protetor individual; segundo, ligação com os elementos da segurança; terceiro, com o produtor espiritual do trabalho; quarto, com os mentores da Casa; quinto, com as Fraternidades (Prece das Fraternidades); sexto, com Ismael; sétimo, com Jesus; e oitavo, com o Pai, proferindo-se o "Pai Nosso" e a Prece dos Aprendizes do Evangelho.

Vibrações

a) pelos doentes cujos nomes se encontram no livro de anotações, no fichário de tratamento espiritual ou, ainda, nas papeletas sobre a mesa.

b) vibrações simultâneas, envolvendo os grupos espíritas, principalmente aqueles que são integrados à Aliança e pela Aliança Espírita Evangélica;

c) vibrações para a Câmara de Passes.

Vibrações Coletivas

a) pelo estabelecimento da Paz entre os homens;

b) pela união fraterna das filosofias e religiões em torno do Mestre;

c) em favor das instituições assistenciais e hospitalares, abrangendo toda a humanidade sofredora;

d) pelas crianças e velhos desamparados;

e) pelos Espíritos em sofrimento no umbral, nas trevas e em particular pelos suicidas;

f) pelos nossos lares, como santuários das almas em esforço de renovação cristã;

g) por nós mesmos, como trabalhadores humildes do Cristo.

Intercâmbio Mediúnico

Encerramento

6) Objetivos

Durante todo o tempo da sessão, os participantes não permanecem concentrados, a não ser no início das aberturas parciais, nas mudanças de objetivos e no encerramento.

Entretanto, durante a maior parte do tempo, emitem radiações fluídicas, partidas do coração, que deve vibrar intensamente no amor e no desejo de auxiliar a todos os necessitados, segundo os alvos previamente fixados pela mente.

A não ser para a fixação do alvo e da natureza da vibração, a mente não deve tomar parte no trabalho.

Essas radiações possuem grande poder espiritual porque seu fundamento, como já dissemos, está no amor ao próximo, força primordial da Criação Divina.

Há casos em que é necessário projetar fluidos de amor, de força e socorro a regiões de sombras, para a redenção de Espíritos sofredores ou escravizados; nesses casos, a assembleia emite tais fluidos, focalizando o alvo a distância e a projeção se faz na forma de uma torrente de luz que segue fundindo as sombras e atingindo a meta: ao toque dessa luz, os Espíritos sofredores ganham energias novas e sob a projeção dela conseguem fugir, libertando-se dessas regiões de padecimento, sendo, então, encaminhados a instituições de auxílio e regeneração do Espaço.

Por outro lado, há legiões de Espíritos dedicados ao auxílio, que se aproveitam dessas emissões para se lançarem confiadamente, protegidos por elas, na realização de suas santificantes tarefas.

Assim, o número de necessitados e sofredores que se consegue salvar de cada vez é considerável e a força do trabalho cresce, à medida que a corrente se avoluma com o ingresso de novos trabalhadores nos planos.

Os resultados são os melhores possíveis, sobretudo para centros do interior que não possuem correntes poderosas e necessitam aumentar sua capacidade auxiliadora, mormente no campo das curas espirituais.

A poderosa onda de força que se irradia supre a todos esses agrupamentos das energias psíquicas e fluídicas necessárias às suas realizações evangélicas.

A todos os centros e agrupamentos espíritas (públicos ou particulares) recomendamos, portanto, a realização dessas sessões a fim de se poder ir aumentando cada vez mais a amplitude do trabalho, auxiliando assim a todos aqueles que se devotam à propagação e aos testemunhos do Evangelho de Jesus Cristo, Nosso Senhor e Mestre.

Se um número considerável de instituições se vincularem em trabalhos dessa natureza, realizando radiações em dias e horas previamente ajustadas[18], poder-se-á estabelecer uma corrente extraordinariamente poderosa e de progressiva amplitude, capaz de produzir inumeráveis e surpreendentes resultados em benefício do sofrimento humano em todas as suas formas, na crosta planetária e nas esferas de vida inferior concentradas em seu redor, incluindo as regiões do Umbral e das Trevas.

E as dificuldades e sofrimentos coletivos que se aproximam do mundo a largos passos estão a exigir, e com urgência, o desenvolvimento de um trabalho espiritual de tal envergadura.

---

[18] Habitualmente os Grupos da Aliança Espírita Evangélica realizam este trabalho às quintas-feiras, às 19:30 hs.

7) Parecer de Bezerra

Transcrevemos abaixo como esse trabalho foi descrito pelo venerável Bezerra de Menezes, nos primeiros dias da sua criação, no início da década de 1950:

"... A transcedência do trabalho foge ao vosso alcance, pois, às vezes, não desejais vislumbrar mais longe, ou vos acomodais na condição de simples expectadores dos fatos.

Atraídos para tal realização da seara espiritualista, estão ao vosso lado centenas de núcleos espirituais, orientados diretamente por Ismael, preposto de Jesus no Brasil.

...É imprescindível, pois, que em cada um de vós haja a dedicação devida, para que possamos desenvolver paulatinamente esse serviço, dando-lhe uma maior amplitude, que trará, por certo, consequências benéficas para vós e principalmente para o campo espiritual, onde as vibrações serão aproveitadas ao máximo.

Esse trabalho de vibrações realiza-se no espaço, da seguinte forma:

Os necessitados são divididos em quatro grupos distintos, a saber:

1º grupo — doentes que sofrem de enfermidades graves;

2º grupo — doentes cujos estados não apresentam gravidade, mas requerem alívio imediato;

3º grupo — doentes afligidos por males psíquicos;

4º grupo — lares que demandam pacificação e ajustamentos.

Para esses grupos são destacados quatro companheiros que exercem função de orientadores e que têm a seu cargo, conforme as exigências do momento, dois, três ou quatro mil colaboradores.

Cada um desses orientadores recebe a lista dos irmãos a serem beneficiados e respectivos endereços, os quais são atendidos individualmente. Temos, então, como vemos, um amigo espiritual para cada necessitado.

Às 18 horas, esses milhares de servidores espirituais já estão a postos nesse recinto, impregnando a própria atmosfera de elementos sutis e bênçãos curadoras.

Após as 19 horas, inicia-se o ingresso dos irmãos encarnados e à porta de entrada é destacada para cada um deles uma entidade espiritual que o acompanha até o seu lugar.

Ao se ouvir a prece cantada é que consideramos o trabalho iniciado e, no momento em que vossas almas se elevam junto à melodia, caem sobre vós, em abundância, elementos curadores e confortadores que o irmão encarnado retém em maior ou menor quantidade, conforme a sua receptividade.

Iniciam-se, então, as vibrações que possuem, como já sabeis, cor, perfume e densidade e que são recolhidas em receptáculos distribuídos pelo salão.

O amigo espiritual que vos acompanha estabelece convosco uma corrente, mantendo-a em contato mútuo e constante até os receptáculos, que vão se enchendo e se iluminando rapidamente, ou não, consoante a capacidade vibratória de cada um.

Em seguida, entram em ação os trabalhadores dos quatro grupos já citados; exercendo o seu mister de conformidade com a necessidade, retiram do receptáculo a quantidade de elemento que precisam para suas tarefas, segundo o grupo a que pertencem.

A seguir, afastam-se para o cumprimento de suas obrigações.

Entram, após, grandes grupos, formados de 600 a 800 amigos espirituais, para as vibrações coletivas, durante as quais vibram também convosco os irmãos desencarnados que vos acompanham desde o início.

O que vemos, então, é um espetáculo grandioso: todo o ambiente se reveste de intensa luz e, ao vibrarem, os vossos pequeninos corações fazem o papel de um refletor e, então, iluminando e riscando o espaço, vemos luzes das mais variadas tonalidades e intensidades, e esses grupos de irmãos, com os braços estendidos para vós, recebem o presente carinhoso do vosso coração para ser levado aos mais distantes setores da Terra, enquanto que ao serem enumeradas as Fraternidades, já então de regresso de suas tarefas, perfilam-se os Espíritos à vossa frente, envolvendo-vos na carícia do Amor Fraternal.

Por fim, quando o Espírito destacado para a exortação evangélica encerra o trabalho, de esferas mais altas jorram sobre vós as bênçãos do Amor do Pai e, ao vos retirardes, apesar de muito terem dado os vossos organismos físicos, retornais ao lar saturados de elementos revitalizadores em muito maior quantidade do que aquela despendida por vós.

Tudo isto, queridos irmãos, no pequeno espaço de tempo em que privais conosco nesse trabalho dignificante que são as radiações."

PARTE D

COMPLEMENTAR

CAPÍTULO 24

CÂMARA DE PASSES

Na Federação Espírita do Estado de São Paulo, como uma aplicação prática dos passes diretos, criamos, em 1947, o organismo que denominamos "Câmara de Passes". É uma espécie de santuário, ou melhor, um recinto que se conserva isolado, destinado exclusivamente a esse uso, convenientemente imantado pelos Espíritos, possuindo uma vibração elevada e constantemente carregado de fluidos purificados.

Não é o lugar comum de aplicação de passes.

Para esse recinto são remetidas todas as pessoas perturbadas, doentes ou necessitadas de assistência espiritual, inclusive aquelas que se acham abatidas, cansadas, desanimadas. Ali permanecem de 15 a 30 minutos, durante os quais os Espíritos destacados para essa piedosa tarefa assistem a todos segundo as necessidades de cada um: aplicam-lhes passes diretamente do plano invisível e lhes transmitem todo o conforto moral de que carecem, sem a presença de médiuns ou outra qualquer pessoa.

No silêncio que se estabelece naquele recinto purificado, os necessitados se concentram, fazem as suas preces, formulam os seus pedidos, muitas vezes de ordem material, não importa, e comungam fervorosa e desembaraçadamente com os benfeitores do plano invisível, recebendo o quanto lhes pode ser concedido, segundo as circunstâncias do momento e suas próprias necessidades.

Esse processo, que já vem sendo adotado em muitas casas espíritas do estado e do país, tem dado os melhores resultados e representa uma simplificação ideal dos métodos de assistência, comumente usados. Nos Centros Espíritas, principalmente durante o dia, quando não há médiuns aptos a atenderem aos doentes, dando-lhes passes e outras formas de assistência, a Câmara de Passes preenche uma grande lacuna e resolve inúmeras dificuldades de assistência ao público em geral, com a circunstância relevante de que se pode ter a certeza de que a assistência dada nessas câmaras é a mais perfeita possível, por vir diretamente dos Espíritos protetores.

CAPÍTULO 25

CONTATO COM OS DOENTES

Muitas críticas são feitas aos passes espíritas, e muitos doentes se recusam, mesmo, a recebê-los, por não concordarem com os contatos manuais do operador sobre seu corpo, mormente em se tratando de mulheres.

Esse ponto de vista tem razão de ser quando se trata de passes feitos de forma reprovável, por indivíduos inescrupulosos e de moralidade baixa, que se comprazem nas condenáveis manifestações da sensualidade, mas não se aplicam, é claro, a todos os operadores, havendo mesmo uma maioria que exerce sua tarefa evangélica com desprendimento, seriedade e profunda noção de respeito humano.

Entretanto, nos passes espirituais, tais contatos devem ser evitados, entre outras razões, pelas seguintes:

1. Porque nem sempre são necessários, salvo em alguns casos especiais de passes locais ou de curas pelo sopro.

2. Porque o contato, em se tratando de sexos opostos, pode produzir sensualismo.

3. Porque o pensamento ou impressão sensual, desde que ocorram, modificam a natureza do fluido a transmitir, carregando-o de vibrações altamente negativas, prejudiciais tanto aos doentes como aos operadores.

4. Porque nesses casos os Espíritos inferiores são atraídos, imediatamente, por tais vibrações negativas e interferem, aumentando as perturbações. Os ambientes em que comumente agem indivíduos inescrupulosos se transformam, em breve, em verdadeiros antros de corrupção psíquica.

5. Porque, mesmo nos casos de curas espirituais, com passes fornecidos por Espíritos desencarnados incorporados em médiuns, tais sentimentos representam forte barreira à sua aproximação ou incorporação.

Por todas essas razões, portanto, os operadores devem evitar passes com contato e, nos casos em que Espíritos incorporados os adotam, devem ser feitas solicitações para que mudem de processo, à vista dos altos inconvenientes que tais passes acarretam e da má repercussão que provocam na assistência das sessões e no público em geral.

André Luiz, em sua obra *Nos Domínios da Mediunidade,* confirma esses ensinos dizendo:

"Na maioria dos casos, não precisamos tocar o corpo dos pacientes de modo direto. Os recursos magnéticos, aplicados à reduzida distância, penetram assim mesmo o "halo vital" ou a aura dos doentes, provocando modificações subitâneas."

Por outro lado, sempre que possível, realizar o trabalho de passes em turmas separadas de homens e mulheres, de maneira que todos recebam passes de médiuns pertencentes ao seu próprio sexo.

CAPÍTULO 26

ESQUEMA DE FUNCIONAMENTO DO TRABALHO DE PASSES

1) Recepção e Entrevista

Ao chegar pela primeira vez ao Centro, o assistido é orientado pelos entrevistadores, os quais tomarão as seguintes providências:

a) Preenchimento da Ficha

As fichas serão preenchidas por entrevistadores capacitados, por meio de informações objetivas colhidas do doente.

b) Informações Importantes

Além dos dados pessoais, serão colhidas informações sobre doenças físicas ou perturbações espirituais (aspectos gerais e localização).

c) Exame Espiritual

As fichas (após um tempo mínimo de 48 horas do preenchimento) poderão ser encaminhadas para o Exame Espiritual.

No primeiro dia que o assistido vai ao Centro, como não se sabe ainda qual o tratamento que irá receber, poderá tomar o P-2, que supre as alterações espirituais e também as materiais.

Após o retorno da Ficha de Assistência Espiritual, são os seguintes os tratamentos possíveis:

d) Moléstias Materiais

Nesses casos, os pacientes são encaminhados para o P-1 (série de 4 vezes), após o qual sua ficha retornará para o Exame Espiritual.

Se não houver melhora após o P-1, o doente poderá ser encaminhado para o P-3A, ou repetir o P-1, dependendo do Exame Espiritual.

e) **Perturbações Espirituais**

Os casos de perturbações serão encaminhados para o P-2 (igualmente por 4 vezes), após o qual a ficha voltará para o Exame Espiritual. Caso o paciente não tenha melhorado, de acordo com o resultado do Exame Espiritual, poderá ser encaminhado para o Choque Anímico e, por último, para o P-3B, sempre respeitando a sequência lógica.

Nos casos de "trabalhos inferiores", inicialmente deve ser examinado o "carma" e, não havendo impedimento, providenciar o corte nos trabalhos de P-3B, sempre consultando o Plano Espiritual.

2) Limpeza dos Assistidos

Após a recepção e entrevista, o assistido recebe o passe de limpeza. Notar que esse ato deve ser realizado sempre **fora do recinto do trabalho.**

3) Evangelização

Em seguida, os assistidos aguardam o início dos trabalhos em ambiente acolhedor e tranquilo.

No momento aprazado, inicia-se a **preparação dos assistidos**, sugerindo-se o seguinte roteiro:

a) Leitura de uma mensagem rápida de Emmanuel, André Luiz, etc.

b) Comentário simples das palavras ouvidas, aproveitando-se para dar algumas rápidas explicações sobre o passe, Evangelho no Lar, Escola de Aprendizes, etc.

c) Prece de abertura dos trabalhos de passes.

d) Vibrações em benefício dos necessitados.

4) Preparação dos Passistas

Concomitantemente à evangelização dos atendidos, os trabalhadores realizam também a sua preparação na Sala de Passes, para a qual sugerimos o seguinte esquema básico:

a) Limpeza dos Trabalhadores

Os componentes do grupo deverão aplicar passes de limpeza uns nos outros, antes de adentrarem o recinto do trabalho.

b) Preparação Preliminar

Os trabalhadores deverão, em seguida, se dirigir ao local das aplicações de passes onde permanecerão lendo e meditando até a abertura, sendo prejudicial, nesse ínterim, qualquer espécie de conversa.

c) Sintonia da Corrente

Ao início da preparação para o trabalho de aplicação do passe propriamente dito, é importante que cada grupo de passista procure harmonizar os fluidos da sua corrente. Os elementos dão-se as mãos e aguardam mais ou menos o tempo de 1 minuto, até que todos se sintam perfeitamente aptos para o trabalho.

d) Reativação dos Centros de Força

Segundo o esquema já descrito anteriormente.

e) Prece de Abertura

Ligando-se com os benfeitores espirituais na seguinte ordem:

- com os protetores individuais;
- com os elementos da segurança;
- com os protetores do trabalho;
- com os mentores da Casa;
- com o Dr. Bezerra de Menezes (corrente médica);
- com as Fraternidades (proferir a Prece das Fraternidades);
- com Ismael;
- com Jesus; e
- com o Pai. Proferir um Pai-Nosso.

f) Exame do Ambiente

Finalmente, providencia-se o exame espiritual do local, com auxílio dos médiuns presentes.

Se o ambiente não estiver limpo, iluminado, com protetores presentes, o trabalho não pode ser aberto, voltando-se para as concentrações e preces.

5) Assistência Espiritual

Os atendidos são encaminhados a seguir para o local das aplicações, onde receberão a assistência de que necessitam.

6) Encerramento

Ao final das aplicações dos passes, com a presença de todos os trabalhadores, faz-se o encerramento, sugerindo-se o esquema:

a) Intercâmbio mediúnico, a fim de receber as orientações dos dirigentes espirituais do trabalho;
b) Vibrações;
c) Prece de encerramento.

7) Reunião dos Trabalhadores

É de grande utilidade realizar-se uma reunião rápida com todos os trabalhadores, ao final das atividades diárias, porque ali o dirigente poderá corrigir os erros cometidos, dando explicações e ouvindo sugestões.

CAPÍTULO 27

SERVIÇO DE PLANTÃO E ENCAMINHAMENTO

Os plantonistas devem considerar a necessidade de darem aos benfeitores espirituais, tempo suficiente para examinarem os doentes ou necessitados onde estiverem, antes de formularem suas respostas às consultas feitas.

Para as Casas Espíritas de pequeno ou médio movimento diário, o melhor sistema a empregar será entrevistar os consulentes, anotar nomes, endereços, idades e ligeiras referências sobre o caso pessoal, marcando dia e hora para voltarem e receberem as respostas e os devidos encaminhamentos.

Atendidas essas prescrições, os bons resultados do trabalho passam a depender da capacidade, maior ou menor dos médiuns, em receberem as respostas dadas pelos Espíritos benfeitores.

Quanto aos entrevistadores que encaminham os doentes e necessitados, devem eles possuir capacidade para o desempenho dessa delicada e importante tarefa, da qual depende o benefício a distribuir e, até mesmo, o bom nome da Casa e da própria Doutrina.

Um bom entrevistador deve preencher os seguintes requisitos:
a) conhecer a Doutrina, teórica e praticante;
b) possuir noções ligeiras de anatomia e fisiologia humanas;
c) possuir delicadeza de trato e saber indicar a orientação certa a dar em cada caso;
d) ter discrição e bom senso;
e) não fazer diagnósticos apressados por conta própria o recomendar remédios;
f) possuir uma capacidade mínima de recepção telepática.

Para esse serviço especial, deve-se dar preferência a colaboradores que tenham cursado a Escola de Aprendizes do Evangelho, Curso de Médiuns ou Triagem Mediúnica.

Somente com algum aprendizado pessoal e boa reforma moral, poderão encaminhar diretamente, **quando necessário**, consulentes a trabalhos práticos, porque para isso precisarão discernir, com propriedade, a natureza de cada caso, a urgência dos atendimentos e o trabalho mais adequado na sequência estabelecida na Casa.

CAPÍTULO 28

HIGIENE DAS TRANSMISSÕES

Na cura pelos passes, sendo estes uma transmissão de fluidos de um organismo para outro, compreende-se perfeitamente bem que é necessário que esses fluidos sejam bons, suaves, limpos, estimulantes e puros, para que produzam efeitos salutares.

Referindo-se à preparação para trabalhos de efeitos físicos, eis como André Luiz se manifesta:

"Alguns encarnados, como habitualmente acontece, não tomavam a sério a responsabilidade do assunto e traziam consigo emanações tóxicas, oriundas da nicotina, da carne e aperitivos, além das formas de pensamentos menos adequados à tarefa que o grupo devia realizar."

Como se vê, ele demonstra que a carne é alimento tão tóxico e desaconselhável quanto o fumo ou o álcool.

E não se trata de uma opinião pessoal, mas sim da indicação de efeitos reais observados diretamente do lado de lá, por observador altamente credenciado.

Isso exige que os operadores encarnados, tanto quanto possível, tenham boa saúde, sejam sóbrios na alimentação, no vestuário, nos costumes e altamente moralizados; que eliminem vícios, evitem tóxicos, inclusive os provindos de seus próprios organismos, e aprendam a dominar suas emoções, para evitar a perda inútil de energia fluídica, mormente as do campo sexual, pois que um sistema nervoso esgotado ou desequilibrado impedirá a emissão e a livre movimentação de fluidos curativos e levará o operador a uma condição de hipersensibilidade que o exporá a vários e sérios riscos.

Realmente, sempre que houver excesso de sensibilidade, por parte do doente ou do operador, haverá possibilidade mais ampla de permuta de fluidos bons e maus, sendo comuns os casos de transmissão de fluidos mórbidos do doente para o operador e vice-versa. Este último, além dos fluidos de cura, transmitirá com os passes, toxinas orgânicas ou medicamentosas e ainda mais: produtos vindos da esfera moral, de suas próprias paixões inferiores que, porventura, constituam sua natural tonalidade vibratória.

São muito comuns os casos de doentes submetidos a passes dados por servidores sinceros e de boa vontade que, todavia, sentem, após a aplicação, inexplicável agravação de seus males, ou o acréscimo de novos, acompanhados de visível mal-estar que, justamente, resultam dessas impurezas a que nos referimos.

Para dar passes, pois, não basta a boa vontade; é necessário também que o operador preencha uma série de condições físicas e psíquicas, tendentes à purificação de corpo e Espírito. Conquanto seja certo que a boa vontade e o desejo evangélico de servir assegurem ao operador um grande coeficiente de assistência espiritual superior; todavia, a preparação judiciosa, pela purificação própria, aumentará grandemente a eficiência do trabalho e o volume da colheita.

No plano invisível, em suas colônias, recolhimentos, hospitais e abrigos provisórios, os passes são dados ampla e sistematicamente, porém, sempre executados por operadores selecionados, verdadeiros técnicos, profundos conhecedores do assunto, tanto na teoria como na prática.

Eis o que diz Emmanuel, o querido irmão maior, ao qual já devemos tão preciosa colaboração no campo da literatura espírita:

"Meu amigo, o passe é transfusão de energias fisiopsíquicas, operação de boa vontade, dentro da qual o companheiro do bem cede de si mesmo em teu benefício.

Se a moléstia, a tristeza e a amargura são remanescentes de nossas imperfeições, enganos e excessos, importa considerar que, no serviço do passe, as tuas melhoras resultam da troca de elementos vivos e atuantes.

Trazem detritos e aflições e alguém te confere recursos novos e bálsamos reconfortantes.

No clima da prova e da angústia, és portador da necessidade e do sofrimento.

Na esfera da prece e do amor, um amigo se converte no instrumento da Infinita Bondade, para que recebas remédio e assistência.

Ajuda o trabalho de socorro a ti mesmo com o esforço da limpeza interna.

Esquece os males que te apoquentam, desculpa as ofensas de criaturas que te não compreendem, foge ao desânimo destrutivo e enche-te de simpatia e entendimento para com todos os que te cercam.

O mal é sempre a ignorância e a ignorância reclama perdão e auxílio para que se desfaça, em favor da nossa própria tranquilidade.

Se pretendes, pois, guardar as vantagens do passe que, em substância, é ato sublime de fraternidade cristã, purifica o sentimento e o raciocínio, o coração e o cérebro.

Ninguém deita alimento indispensável em vaso impuro.

Não abuses, sobretudo daqueles que te auxiliam.

Não tomes o lugar do verdadeiro necessitado, tão só porque os teus caprichos e melindres pessoais estejam feridos.

O passe exprime também gasto de forças e não deves provocar o dispêndio de energias do Alto, com infantilidades e ninharias.

Se necessitas de semelhante intervenção, recolhe-te à boa vontade, centraliza a tua expectativa nas fontes celestes do suprimento divino, humilha-te, conservando a receptividade edificante, inflama o teu coração na confiança positiva e, recordando que alguém vai arcar com o peso de tuas aflições, retifica o teu caminho, considerando igualmente o sacrifício incessante de Jesus por nós todos, porque, de conformidade com as letras sagradas, 'Ele tomou sobre si as nossas enfermidades e lavou as nossas doenças'".[19]

É evidente que esta frase final se refere àqueles que se aproveitaram dos benefícios e espiritualmente se modificaram.

---

[19] Transcrito de *Segue-me!...*, ditado pelo Espírito de Emmanuel, psicografia de Francisco C. Xavier, Ed. O Clarim. (Nota da Editora)

CAPÍTULO 29

DIFERENÇA ENTRE MAGNETISMO E HIPNOTISMO

Esse trabalho não comporta muito desenvolvimento, porém, como mesmo nos meios espíritas permanece muita confusão a respeito dessas duas modalidades de aplicações fluido-telepáticas, julgamos útil escrever este capítulo para assinalar as diferenças existentes entre uma e outra coisa.

Por exemplo: quando se fala em hipnose, não se sabe se se trata de fenômeno provocado ou espontâneo, hipnótico ou magnético.

Muita tinta tem sido gasta tratando das diferenças entre uma coisa e outra, e hoje, nos meios cultos do espiritualismo, é considerado clássico e obrigatório o conhecimento dessas diferenças.

O hipnotismo oficializou-se com o inglês Braid, que assim o definiu: "um estado particular do sistema nervoso, determinado por manobras artificiais tendendo pela paralisia dos centros nervosos, a destruir o equilíbrio nervoso".

Durand de Gross completou esta definição dizendo: "um estado fisiológico que consiste num acúmulo anormal de força nervosa no cérebro, provocado por meios artificiais, ou resultante de um estado patológico".[20]

A ação hipnótica, portanto, visa ao cérebro, onde provoca uma acumulação de fluidos que, a seu turno, determina um estado congestivo fluídico cerebral; esse estado destrói a atividade mental consciente, nulifica o pensamento, deixando o paciente à inteira disposição do operador.

Hipnotização e fascinação são sinônimos porque o sono hipnótico é provocado justamente por processos que cansam ou deslumbram os órgãos dos sentidos: fixação de objetos brilhantes, superfícies polidas, luzes, rumores, posições forçadas dos olhos ou, ainda, sugestões.

---

[20] O histerismo, por exemplo.

Como exemplo, veja-se a demonstração prática ao fim do capítulo.

Por outro lado, o hipnotismo não busca somente o bem-estar do homem pela cura de seus males, mas também a exibição de fenômenos psíquicos ou meras pesquisas do campo subjetivo da alma humana.

Portanto, conforme seu uso, poderá ser ou não nocivo à saúde e ao bem-estar físico do homem e não ajunta elemento algum de colaboração à sua evolução espiritual.

O magnetismo, bem ao contrário, em todos os casos de perturbações físicas, busca justamente o restabelecimento do equilíbrio nervoso e não serve para exibições, sobretudo pelo fato, já explicado, de que seus resultados não se apresentam imediatamente, mas são demorados e discretos.

Enquanto os hipnotistas, diz Bué, "dirigindo-se especialmente no cérebro, procuram lançar fora do seu equilíbrio os centros nervosos, os magnetizadores, poupando cuidadosamente o encéfalo e concentrando toda sua ação sobre o epigastro e o sistema nervoso ganglionar, empenham-se em equilibrar da melhor maneira a corrente nervosa, de modo a obterem a mais elevada expressão da autonomia funcional do ser".

No estado sonambúlico, que ambos provocam, se bem que por processos dessemelhantes, as diferenças são ainda mais notáveis: no sonambulismo provocado hipnoticamente, o sensitivo, em vez de estar concentrado, devaneia e, por isso, é estéril no que se refere a manifestações psíquicas de lucidez (clarividência, clariaudiência, etc.). Nos casos de letargia, extinguem-se os sentidos físicos; o cérebro não recebe nem transmite impressão alguma e o sensitivo não reage a nenhuma impressão psíquica; ao passo que no sonambulismo magnético, ele se concentra, fecha-se para as coisas exteriores, abre-as para as impressões do mundo invisível, podendo dele transmitir tudo que vê, ouve, sente e compreende, fazendo mesmo predições, profecias, etc.

Do ponto de vista espírita, compreende-se bem o que nesses dois casos se passa: o paciente, hipnotizado, não se exterioriza do corpo físico e cai em estado de perturbação psíquica; está hipersensibilizado, mas inibido de ver, ouvir ou sentir algo do mundo físico; ao passo que o paciente magnetizado desprende-se, exterioriza-se; está realmente em transe sonambúlico e, por isso, é que é sensível às coisas do mundo hiperfísico.

Tudo isso o indivíduo que dá passes precisa saber para evitar consequências desagradáveis nas aplicações, como também para poder classificar as informações ou manifestações produzidas pelo paciente, quando magnetizado.

Já vimos que se se agir violenta e diretamente sobre o cérebro e centros sensoriais, como no hipnotismo, provoca-se perturbações: fenômenos neuromusculares, como espasmos, convulsões, letargias, catalepsias, etc., além da anulação da consciência e do pensamento; o paciente fica suspenso entre os dois mundos, sem consciência neste e sem lucidez no outro; mas, se se agir sobre os centros vegetativos, preferentemente sobre o plexo solar, deixando que a natureza orgânica reaja, a consciência individual aumentará e as faculdades psíquicas se desdobrarão, manifestanto-se fenômenos de lucidez: vidência, audiência, premonição, etc.

Não há espaço neste pequeno volume para entrarmos em detalhes dos processos de magnetização; tais conhecimentos, bem como os referentes à constituição e ao funcionamento do organismo humano, os leitores poderão obtê-los consultando obras técnicas sobre o assunto.

Limitamo-nos a dizer que o hipnotismo não deve interessar aos espíritas, que sempre visam ao bem do próximo e suas necessidades. Entretanto, não sendo bons médiuns e desejando, mesmo assim, cooperar no campo das curas, dediquem-se aos passes materiais, campo muito vasto em que poderão prestar bons serviços; mas se receberam a dádiva sagrada da mediunidade curadora, devotem-se aos passes espirituais, que são os mais perfeitos, mais úteis e positivos e os mais capazes de realizar o benefício de que tanto necessita a humanidade sofredora.

A regra fundamental do hipnotismo é cansar os olhos e depois dominar a mente do paciente por meio de sugestões: fazer olhar para um objeto brilhante colocado um pouco acima da horizontal dos olhos para cansar as pálpebras e quando o paciente demonstrar cansaço, começando a piscar, começar com as sugestões de que está com sono, que é melhor fechar os olhos, etc., repetindo-as sempre até que ele obedeça; conseguindo isso, basta transmitir-lhe pela palavra as sugestões ou ordens que desejar. Há, contudo, outros métodos.

Para utilizar praticamente esse conhecimento sem submissão a terceiros, praticar a auto-hipnose, como segue:

• Deitado em silêncio, em lugar sombrio, com uma pequena lâmpada vermelha à frente, um pouco acima da altura dos olhos, mais ou menos a uns 3 metros de distância.

- Respirar, deixando os pensamentos divagarem por uns minutos.
- Relaxar tudo, começando pelas pernas.
- Fixar a lâmpada vermelha e começar com autossugestões, dando ordens ao subconsciente para que os olhos se cerrem quando contar até 20. Repetir a ordem várias vezes.
- Se não dormir, fechar os olhos e aguardar, porque o reflexo condicionado funcionará pelo subconsciente.
- Quando se cerra os olhos sem dormir, entra-se em pré-hipnose, conservando a consciência e podendo-se continuar a agir sobre o subconsciente até a hipnose normal.
- De outras vezes, bastará deitar-se e começar a contar para entrar nesse estado.
- Na pré-hipnose, convém sempre dar ao subconsciente sugestões ou ordens claras e simples e sempre úteis, como: corrigir defeitos, esquecer manias, sarar doenças, adquirir virtudes, etc., imaginando-se a si mesmo sem os defeitos e com as virtudes desejadas.

Na fase de hipnose normal, essas sugestões dominarão a mente e influirão sobre o corpo no sentido de sua realização.

Para voltar, basta querer e ter marcado o tempo certo na pré-hipnose.

Nenhum perigo haverá de não acordar porque, mesmo que o não quisesse, o subconsciente intervirá, porque não se está debaixo de ação de estranhos.

Para garantir melhor êxito, convém, mesmo durante o dia, antes do exercício, fixar a mente no que se quer fazer, para que o subconsciente tome nota e não intervenha no momento certo, utilizando seus próprios elementos de arquivo.

No caso de vícios, etc., se não houver sinceridade e desejo de livrar-se deles, não haverá êxito no trabalho.

CAPÍTULO 30

ÁGUA FLUIDIFICADA

Como este trabalho não circulará somente em meios espíritas, já conhecedores do assunto, não desejamos encerrar esta exposição sobre passes, sem falar da água fluidificada, outro elemento de valor no capítulo das curas espirituais, conquanto tão ridicularizado por aqueles que não possuem conhecimentos necessários a uma justa apreciação.

Em geral, são os Espíritos desencarnados que, durante as sessões, fluidificam a água; porém, esse processo poderá ser muito mais popularizado quando se souber que todas as pessoas, em suas próprias casas, poderão obter essa água curativa, bastando proceder da seguinte forma: individualmente, ou em grupo de interessados, concentrem-se, formulem uma prece e, colocando uma vasilha com água pura, no centro da corrente assim formada, aguardem alguns momentos, até que Espíritos desencarnados, familiares ou não daquele lar, fluidifiquem a água.

Se no grupo houver pessoa dotada de alguma sensibilidade espiritual e fé, poderá servir de médium; ela mesma, durante a concentração, poderá fluidificar a água, bastando tomar a vasilha, colocá-la ao alcance das mãos e projetar sobre ela os próprios fluidos; ou melhor ainda, captar pela prece os fluidos cósmicos do Espaço e projetá-los sobre a vasilha.

Ainda dará bons resultados colocar à cabeceira do leito, todas as noites, uma vasilha com água limpa, fazendo, ao deitar, uma prece no sentido de que os agentes invisíveis fluidifiquem a água.

A água é um ótimo condutor de força eletromagnética e absorverá os fluidos sobre ela projetados, conservá-los-á e os transmitirá ao organismo doente, quando ingerida.

Ouçamos ainda a palavra esclarecedora do mesmo Espírito Emmanuel a respeito desse importante e acessível elemento de cura de moléstias materiais e perturbações espirituais em geral:

"Meu amigo: quando Jesus se referia à bênção do copo de água fria, em seu nome, não apenas se reportava à compaixão rotineira que sacia a sede comum. Detinha-se o Mestre no exame de valores espirituais mais profundos.

A água é dos corpos mais simples e receptivos da Terra.

É como que a base pura, em que a medicação do Céu pode ser impressa, através de recursos substanciais de assistência ao corpo e à alma, embora em processo invisível aos olhos mortais.

A prece intercessora e o pensamento da bondade representam irradiações de nossas melhores energias.

A criatura que ora ou medita, exterioriza poderes, emanações e fluidos que, por enquanto, escapam à análise da inteligência vulgar e a linfa potável recebe-nos a influenciação, de modo claro, condensando linhas de força magnética e princípios elétricos, que aliviam e sustentam, ajudam e curam.

A fonte que procede do coração da Terra e a rogativa que flui do imo d'alma, quando se unem na difusão do bem, operam milagres.

O Espírito que se eleva em direção ao Céu é antena viva, captando potências da natureza superior, podendo distribuí-las em benefício de todos os que lhe seguem a marcha.

Ninguém existe órfão de semelhante amparo.

Para auxiliar a outrem e a si mesmo, bastam a boa vontade e a confiança positiva.

Reconheçamos, pois, que o Mestre, quando se referiu à água simples, doada em nome de sua memória, reportava-se ao valor da providência em benefício da carne e do espírito, sempre que estacionem através de zonas enfermiças.

Se desejas, portanto, o concurso dos Amigos Espirituais, na solução de tuas necessidades fisiopsíquicas ou nos problemas de saúde e equilíbrio dos companheiros, coloca o teu recipiente de água cristalina, à frente de tuas orações, espera e confia.

O orvalho do Plano Divino magnetizará o líquido, com raios de bênçãos, e estará então consagrando o sublime ensinamento do copo de água pura, abençoado nos Céus".[21]

A Vibração das 22 horas é momento, mais que qualquer outro, propício para se solicitar ao Plano Espiritual a fluidificação da água para cura de doenças, porque o intercâmbio que se estabelece com os benfeitores espirituais é muito amplo e se remata na Casa de Bezerra, no Espaço, de onde podem fluir para os necessitados de auxílio as mais poderosas e purificadas ondas de fluidos e vibrações curativas.

---

[21] Transcrito de *Segue-me!...*, ditado pelo Espírito de Emmanuel, psicografia de Francisco C. Xavier, Ed. O Clarim. (Nota da Editora)

CAPÍTULO 31

ENCERRAMENTO

Ao terminar a exposição desses processos de cura espiritual, convém recordar o que consta do Evangelho do Divino Mestre quando profetiza para os dias atuais novos aspectos do trabalho mediúnico, afirmando que nestes dias haverá recrudescimento da mediunidade e que, moços e velhos, todos profetizarão, havendo uma generalização mediúnica com fenômenos de intensa e incrível objetividade.

Esse período já começou e os processos de cura se aperfeiçoam dia a dia, com grande rol de operações mediúnicas e, na medicina oficial, surgem eles também como avançamentos notáveis, inclusive na terapêutica médica, sendo já bem evidente o imenso campo que se abriu com a revelação dos raios laser, conquista que será seguida, brevemente, por muitas outras de alto valor.

Prosseguindo na prática que a experiência já consagrou, periodicamente, os Grupos integrados à Aliança Espírita Evangélica promovem Cursos de Passes, destinados àqueles que desejam dedicar-se a essa benéfica tarefa.

O curso tem por base a matéria deste livro e a sua duração é de dois meses, segundo o número de aulas a administrar, tendo sentido eminentemente prático.

**Agora em todas as regiões do Brasil
o número de atendimento telefônico do CVV é**

188

www.cvv.org.br

cvv

COMO VAI VOCÊ?

**A ligação é gratuita
de telefone fixo, celular
e orelhão 24 horas, todos
os dias da semana.**

Aliança

confira outros títulos no tema
MEDIUNIDADE

ASSISTÊNCIA ESPIRITUAL E MEDIUNIDADE
Aliança Espírita Evangélica

16x23 - 224 páginas.
Formas de conduzir, organizar e administrar as atividades de assistência espiritual e mediunidade.

MEDIUNIDADE
Edgard Armond

16x23 - 224 páginas.
A faculdade mediúnica, com a classificação das mediunidades e seus métodos de desenvolvimento.

MEDIUNIDADE MULTIDIMENSIONAL
Esther Dahan

16x23 - 224 páginas.
Esther Dahan nos trás informação, conhecimento, práticas e sua experiência em lidar com o mundo sutil.

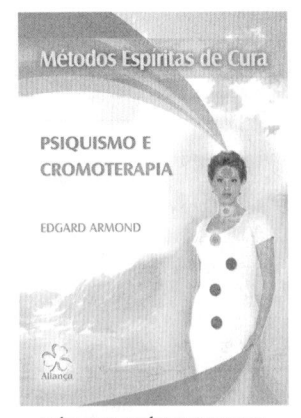

MÉTODOS ESPÍRITAS DE CURA PSIQUISMO E CROMOTERAPIA
Edgard Armond

14x21 - 128 páginas.
Uma obra básica, que faz parte do programa do Curso de Médiuns da Aliança Espírita Evangélica.

PRÁTICA MEDIÚNICA
Edgard Armond

16x23 - 192 páginas.
Seis obras que versam sobre a prática mediúnica, apresentando trabalhos desenvolvidos a partir de 1940.